Administração Política 4
direção de
Reginaldo Souza Santos
Fábio Guedes Gomes

Conselho editorial
Fernando Pedrão
Paulo Emílio Matos Martins
Elizabeth Matos Ribeiro

ADMINISTRAÇÃO POLÍTICA

TÍTULOS PUBLICADOS

Keynes e a proposta de administração política: uma crítica aos pressupostos da externalidade do Estado e da crise fiscal, Reginaldo Souza Santos

Administração política para o desenvolvimento do Brasil, Reginaldo Souza Santos

Administração política baiana. Gestão em foco: Pnage e outras experiências, Elizabeth Matos Ribeiro & Reginaldo Souza Santos (orgs.)

Ensaios sobre o subdesenvolvimento e a economia política contemporânea, Fábio Guedes Gomes

ENSAIOS SOBRE O
SUBDESENVOLVIMENTO
E A
**ECONOMIA POLÍTICA
CONTEMPORÂNEA**

FÁBIO GUEDES GOMES

ENSAIOS SOBRE O
SUBDESENVOLVIMENTO
e a
ECONOMIA POLÍTICA
CONTEMPORÂNEA

HUCITEC EDITORA
São Paulo, 2014

© Direitos autorais, 2014,
de Fábio Guedes Gomes.
Direitos de publicação reservados por
Hucitec Editora Ltda.,
Rua Águas Virtuosas, 323
02532-000 São Paulo, SP.
Telefone (55 11 2373-6411)
www.huciteceditora.com.br
lerereler@huciteceditora.com.br

Depósito Legal efetuado.

Coordenação editorial
MARIANA NADA

Assessoria editorial
MARIANGELA GIANNELLA

Circulação
comercial@huciteceditora.com.br / jmrlivros@gmail.com
Tel.: (11)3892-7772 – Fax: (11)3892-7776

CIP-Brasil. Catalogação na Publicação
Sindicato Nacional dos Editores de Livros, RJ

G614e

Gomes, Fábio Guedes, 1971-
Ensaios sobre o subdesenvolvimento e a economia política contemporânea / Fábio Guedes Gomes. 1. ed. – São Paulo : Hucitec, 2014.
261 p. ; 21 cm.   (Administração política ; 4)

Apêndice
Inclui índice
ISBN 978-85-8404-030-8

1. Desenvolvimento econômico. 2. Desenvolvimento econômico – Brasil. 3. Brasil – Condições econômicas. 4. Áreas subdesenvolvidas – Condições econômicas. I. Título. II. Série.

14-15865   CDD 338.9
                                                   CDD 338.1

Ao mestre Celso Furtado, que há exatos dez anos desfalcava nosso pensamento social e econômico. De seu vasto conhecimento, extraímos esta altiva reflexão:

"A primeira condição para liberar-se do subdesenvolvimento é escapar da obsessão de reproduzir o perfil daqueles que se autointitulam desenvolvidos. É assumir a própria identidade. Na crise de civilização que vivemos, somente a confiança em nós mesmos poderá nos restituir a esperança de chegar a um bom porto" (*O capitalismo global,* Paz e Terra, p. 67)

SUMÁRIO

Prefácio, *Reginaldo Souza Santos*   11

Apresentação, *Luiz Sávio de Almeida*   17

Introdução   21

I — REALIDADE E DINÂMICA DO SUBDESENVOLVIMENTO ALAGOANO
1. A involução relativa da economia alagoana   33
2. Aparências e evidências do crescimento do PIB alagoano   70
3. O paradoxo de Solow e os indicadores econômicos de Alagoas   76
4. A realidade dos indicadores e a psicologia do autoengano   80
5. Lições, para Alagoas, da industrialização pernambucana   84
6. Acontece, em Alagoas, um "surto industrial"?   89
7. Os descaminhos da "industrialização" alagoana   95
8. Financiamento e "industrialização" em Alagoas   101

9. Indústria e empregos em Alagoas	108
10. Amartya Sen em Alagoas	111
11. Economia política da violência em Alagoas	116
12. A importância do turismo na economia alagoana: o caso da gastronomia	126
13. Alagoas perdeu sem a Copa do Mundo	135
14. Encruzilhadas do próximo governador de Alagoas	139
15. O mal-estar alagoano	147
16. A propriedade da terra em Alagoas	153
17. Problemas e possibilidades da economia alagoana	162
18. Cinco perguntas e respostas sobre o subdesenvolvimento alagoano	168

II — ENSAIOS DE ECONOMIA POLÍTICA CONTEMPORÂNEA

19. Os protestos sociais e suas raízes econômicas	175
20. O tempo do Brasil	181
21. 2014: vinte anos do Plano Real	191
22. A injustiça tributária no Brasil	200
23. Desenvolvimento sem sacrifícios	208
24. Estado, economia e eleições	215
25. A insustentabilidade do crescimento econômico	224
26. A incontestável certeza do ter	235
27. A tentativa de estabelecer o caos	245
28. A macroeconomia marxista	254

PREFÁCIO

O que pode suscitar o título de um livro como este de Fábio Guedes Gomes, Ensaios sobre o Subdesenvolvimento e a Economia Política Contemporânea? *Aos mais jovens, não muita coisa; talvez algo estranho ao seu repertório de aprendizagem, tendo em vista que expressões* Subdesenvolvimento *e* Economia Política *há muito deixaram de fazer parte da agenda de preocupações de políticos e acadêmicos, integrados ao grupo hegemônico; consideram que nossa sociedade encontra-se, de um lado, nu-ma fase mais avançada e perfeitamente integrada ao capitalismo planetário e* financeirizado; *de outro, nessas circunstâncias, não há nenhuma razão lógica para abrir discussões sobre a distribuição e o bem-estar: não há hipótese para outro caminho fora do que estamos trilhando, nesses últimos trinta e cinco anos!*

Para os não tão jovens, que fizeram a sua formação com base nas discussões dos nossos problemas reais, concretos — o que impunha inevitavelmente discutir com seriedade e coragem o desenvolvimento da nossa sociedade, portanto o nosso futuro —, o conteúdo deste livro significa o renascimento de uma nova aurora; e com ela surge também a possibilidade de reencontrar o elo que ficou perdido entre o final dos anos de 1970 e os difíceis anos 1980/1985.

Quando Fábio Guedes Gomes estrutura a sua narrativa em duas grandes partes, estabelece um diálogo com os dois pensamentos. Um diálogo confrontador com a corrente hegemônica, quando esgarça as entranhas da sociedade alagoana e mostra o equívoco desse pensamento e o fracasso de sua política, posto que tenham aprofundado os nossos problemas ao invés de consertá-los; as pessoas pobres de Alagoas, as de todo o extenso semiárido do Nordeste e os que vivem nos volumosos bolsões das periféricas áreas urbanas das demais regiões do País, são merecedoras da piedade divina, dadas as precárias condições materiais de seus miseráveis cotidianos! O outro diálogo — estabelecido na segunda parte do livro — é espirituoso e iluminador, posto que realiza uma espécie de convocatória para que a sociedade brasileira mude o conteúdo da discussão central, como que nos alertando para a necessidade de mudanças de modo que a presente geração não seja devedora, inadimplente das que formarão o nosso futuro.

O ensaio 25, "A insustentabilidade do crescimento econômico", constitui o ponto central e agudo dessa proposta de diálogo que o autor faz. Percebam que os ideólogos do capitalismo têm uma capacidade extraordinária para fazer com que a ilusão e os maus-tratos pareçam possibilidade e bondades. Na origem dos tempos do capitalismo — estamos falando do início do século XVI até meados do século XIX — não se falava de outra coisa senão de uma era de prosperidade e bem-estar para a humanidade!

O utilitarismo e o hedonismo significavam, no primeiro caso, a forma de ação mais inteligente e livre de cada indivíduo na conquista da riqueza máxima; no segundo caso [o hedonismo], a maneira mais conveniente do usufruto do progresso. A longa crise dos últimos vinte e cinco anos do século XIX até 1933 mostrou os sinais de que a economia capita-

lista, com plena autonomia decisória sobre os rumos do processo civilizatório, ainda que fosse capaz de alcançar a prosperidade, traduzida na capacidade extraordinária de produzir riqueza, era incapaz de estender o bem-estar a todos. Com isso, depois da Segunda Grande Guerra Mundial, deixou-se de falar em prosperidade e bem-estar, substituídos, convenientemente, pelo binômio: desenvolvimento e distribuição.

Novamente, ainda que esse período seja marcado como o mais próspero do processo civilizatório da humanidade, também é que se caracteriza pela mais perversa distribuição dos resultados do trabalho social. Com o início dessa longa crise em 1971, os ideólogos do capitalismo sem fronteiras se descomprometem com qualquer coisa que se aproxime a prosperidade e bem-estar ou desenvolvimento e distribuição. Tentando escapar da armadilha ideológica, burramente, evocam e invocam a terceira e a mais devastadora das revoluções tecnológicas — porque está elevando o desemprego tecnológico aos cornos da Lua em todo o mundo — como um estágio glorioso. Por isso mesmo, as noções de progresso, bem-estar e desenvolvimento estão sendo substituídas por expressões rasteiras e cínicas, como: emprego e renda!

O cinismo se dá por conta de que os ideólogos da atual política abandonaram, propositadamente, a discussão sobre o desemprego estrutural e suas causas e passaram a defender, descaradamente, uma política de emprego e renda; esta proposta é um artefato mal-acabado da Lei dos Mercados de Jean-Baptiste Say, que presumia uma economia em estágio permanente de pleno emprego — assim, o desemprego era a situação de anormalidade. Ora, todos sabem que, com a velocidade que está ocorrendo na produção do conhecimento e no processo de inovação — elevando a produtividade do trabalho a níveis inimagináveis — é impossível evitar o desemprego tecnológico sem mexer fundamente na distribuição de renda; então, a defesa de uma política de emprego e renda se afigura como farsa.

O esforço em cima da renovação do discurso — sempre falando da mesma coisa de forma diferente — ocorre por um cretinismo [conforme acentuado acima], mas também pela incompetência cognitiva dos que estão conduzindo os nossos destinos. Um aspecto dessa farsa se revela quando os dirigentes atuais do capitalismo repetem exaustivamente que, por restrições na oferta energética e de recursos não renováveis, é impossível estender aos habitantes dos países do Sul o mesmo padrão de consumo experimentado até aqui pelos países do Norte. Mas quem disse a esses senhores que queremos, precisamos ou que seja condição sine qua non repetir a trajetória dos países desenvolvidos para se alcançar um estágio de bem-estar mais elevado do que temos hoje? Para que não morramos à míngua, inventam para nós programas do tipo: ajuda humanitária e programas assistenciais das mais diferentes modalidades — o programa bolsa família é uma dessas versões que espalham pelo imenso mundo pobre!

Dessa forma, se se deseja de fato resolver o problema, a solução é muito simples. Um caminho é fazer a distribuição do produto fruto do trabalho social mediante o pagamento de salários compatíveis com as necessidades de sobrevivência digna de cada trabalhador e sua família. Entretanto, para que essa condição seja satisfeita é preciso que a economia esteja numa situação de pleno emprego. Considerando o extraordinário avanço científico e tecnológico dos últimos cem anos, a perspectiva de pleno emprego fica cada vez mais distante, a menos que se reduza a jornada de trabalho — conforme sublinharam magistralmente Keynes e Bertrand Russell, respectivamente, nos textos As possibilidades econômicas dos nossos netos *[1930] e* Elogio ao ócio *[1932].*

Considerando que as convenções arraigadas dificultam uma solução pela redução da jornada de trabalho, sobretudo a de cunho religioso que teima em aprisionar em cada um de nós um Adão, como se fosse uma imposição divina a realização de algum trabalho — principalmente um trabalho com jornada de quarenta e quatro horas semanais —, então podemos fazer uma opção menos conflituosa mediante uma política fiscal, sem necessidade maior de mexer para cima nos atuais níveis da relação arrecadação tributária/produto interno bruto.

Por essa razão, no estágio atual do capitalismo, a política estatal voltada para a produção de bens e serviços públicos de consumo coletivo é a única forma possível de garantir a toda sociedade um nível mínimo de bem-estar material. Considerando, por outro lado, que os recursos nem sempre estão disponíveis no montante das necessidades mais elevadas da humanidade, melhorar a eficiência e eficácia locativas dos recursos à disposição do Estado passa a ser um pré-requisito fundamental para o alcance dessa finalidade.

No momento, a maior dificuldade em melhorar esses processos [de gestão e gerência] parece estar exatamente na base precária das informações disponibilizadas; de fato, pouco se sabe como estão sendo concebidas e executadas as políticas públicas em nosso País, especialmente em áreas sensíveis como educação, saúde, segurança e infraestrutura.

Enfim, esse nos parece ser o trabalho mais urgente que temos para realizar. Para tanto, é necessário romper com a hegemonia do pensamento liberal, utilitarista e hedonista do nosso tempo. E essa ruptura só se dará com a qualidade e força do argumento contrário. Certamente ainda são poucos os trabalhos que tenham tal virtude e este livro de Fábio Guedes Gomes vem somar-se a esses poucos que têm a lucidez de mostrar que os caminhos pelos quais trilha o capitalismo não deixará outra opção senão: ou a parcela excluída será transformada em seres não mais pertencentes à raça humana! ou haverá uma ruptura *da ordem de consequências totalmente desconhecidas — cujo movimento parece estar em curso. Quem se dispõe a pagar para ver?!*

Salvador, 24 de Agosto de 2014.
Reginaldo Souza Santos
Professor-titular da Escola de Administração da Universidade Federal da Bahia

APRESENTAÇÃO

A economia política é uma importante ferramenta para a análise da formação histórica, pelo fato de lidar com duas categorias: a produção e o poder. Na realidade, são elementos que não podem ser dissociados em face da relação intrínseca que mantêm. A formação para que seja discutida requer, necessariamente, que o poder seja posto em evidência, e este é, substancialmente, o enfoque que sustenta este livro, composto por dois conjuntos de textos, com um deles intitulado "Ensaios de economia política contemporânea" e o outro especialmente dedicado a Alagoas: "Realidade e dinâmica do subdesenvolvimento alagoano.

É profundamente importante que as universidades somem na discussão da circunstância onde se encontram. O autor deste livro vem dando a Alagoas uma excelente contribuição, ao se dedicar a produzir criticamente sobre o que somos e onde estamos. O caso deste livro ilustra o que estamos dizendo. A vida de Fábio Guedes Gomes é totalmente voltada ao trabalho científico e sua carreira acadêmica vem sendo dedicada, em grande parte, a somar no aclaramento do que vamos chamar de questão alagoana. Por outro lado, ele se volta também para a formação de *pessoas que, efetivamente, se interessem pela pesquisa, como se dá por seu trabalho na pós-graduação e na graduação.*

Sua vinda para Alagoas, sem dúvida, enriqueceu a nossa produção acadêmica de forma crítica, que passa por evidenciar a tensão política que nos caracteriza. É o caso deste livro, onde, também, o professor se situa perante a formação nacional. No caso de Alagoas, é instigante a retomada do subdesenvolvimento como categoria de análise e em oposição à retórica corrente do eu-fiz-isso e eu-fiz-aquilo, onde o desordenado de ações e de objetivos sustenta a manutenção do que já foi chamado de fatores de estrangulamento, retardatários do processo.

Alagoas tem a invulgar qualidade de retardar ao máximo a atualização produtiva, conservando a sua forma imperial de trocar a alavancagem do capital pela manutenção das formas tradicionais de dominação política; este objetivo que se estrutura no Império sobre as características coloniais acompanha a República e, ainda hoje, se encontra encravada quando se procura o que somos, pela demonstração política do que fazemos.

O novo, ao chegar a Alagoas, é justaposto ao velho, que, pacientemente, o esgota; jamais, o novo teve condições de caminhar como elemento do cotidiano; ele não consegue chegar lá. Fatores ditos modernos, que se fazem no andamento de nossa formação, não pertencem ao que vamos chamar de Alagoas profunda e, embora estejam aqui, são de uma Alagoas rasa, uma "Alagoas-de-fora", uma Alagoas cuja lógica dita distância para o que somos, o que se pode ver em indústrias, em serviços e na própria agricultura, que têm e devem tratar de viver uma outra realidade. Nada estamos defendendo que tenha condições de ser chamado de dualidade; apenas estamos pondo em evidência o conjunto estratégico da conjuntura.

Essa impossibilidade do novo é associada a um comando político que vem sendo predatório e que, dentre outros pontos, destroncou o sentido de público pelo que fez com o Estado, pondo-o nitidamente a serviço de grupos que se diziam guardiães de um futuro e que hoje se encontram nos estertores de uma altíssima crise econômica.

Nós estamos vivendo uma importante fase; é como se Alagoas tivesse a necessidade urgente de atualizar-se, de refazer-se sob pena do velho da Alagoas profunda continuar dominando sob a aparência de uma renovação que vem do discurso do Estado tomado, não se sabe de que forma, como gerente de um desenvolvimento inexistente e, quando aparece, é, inegavelmente, como uma "Alagoas-de-fora", destarracada do cotidiano e insinuada nele como forma de acumulação que prescinde do profundo, ou daqueles que são os marcos persistentes de nossa formação histórica, retardadores de uma atualização estrutural. É isto que nos dá a falsa impressão da dualidade. O importante é a urgência em refazer o Estado; uma economia jamais pode ser autônoma, e ela é refeita à medida que se refaz a sociedade.

Cada fase histórica tem suas obras marcantes e são as que se tornam clássicas, no sentido de imprescindíveis, algo, por exemplo, que acontece com o Banguê de Diégues Júnior, no começo da dessacralização do rural. Tem de ser lido, estudado, debatido. Pelo que conheço do que vem sendo produzido por Alagoas sobre Alagoas, no conjunto de algumas contribuições essenciais, este livro, malgrado o lugar--comum da expressão, nasce clássico pelo fato de que nasce como uma contribuição essencial sobre um momento em que ou se dá a renovação, ou a pobreza, as humilhações e as ofensas parecerão com destino ao eterno.

Eu não tenho nenhuma dúvida ao dizer que Fábio Guedes Gomes deve ser lido, discutido, e, também, não tenho nenhum receio de dizer que ele marca uma contribuição que é de referência e de excelência. Foi uma honra estar presente nesta obra. Julguei ser necessário colocar Alagoas em destaque, embora que seu entendimento de

Brasil ilumine, pelas premissas, pelos fundamentos, a leitura de uma realidade maior: a nacional, onde, necessariamente, Alagoas deva também ser vista.

Maceió, julho de 2014.
Luiz Sávio de Almeida, historiador alagoano,
professor da Universidade Federal de Alagoas

INTRODUÇÃO

> [. . .] o processo de desenvolvimento tem seu verso e reverso na estrutura da produção e na forma de distribuição da renda.[1]

A economia nordestina entre 2002 e 2010 viveu um momento muito especial. O produto cresceu 165% e o *per capita* avançou, em média, 3,12% ao ano. Superior à média nacional de 2,22% e da região Sudeste, 1,81%. Esse crescimento acima dos resultados da região mais rica e do próprio País, resulta do impacto de grandes investimentos industriais e em infraestrutura, expansão dos programas sociais e das transferências constitucionais, bem como da elevação do emprego e da renda puxados pela expansão do mercado interno.

Estados como Pernambuco, Paraíba, Maranhão, Piauí e Sergipe têm-se aproveitado desse novo movimento regional. Os dois primeiros em razão, principalmente, do desenvolvimento do Complexo de Suape e da chegada de empresas

---

1 Celso Furtado. *Teoria e política do desenvolvimento econômico*. São Paulo: Paz e Terra, 2000, p. 180.

de grande porte à região metropolitana de Recife. Pela proximidade e melhorias nas condições de infraestrutura de transporte, a Paraíba vem estreitando suas relações e se integrado à dinâmica desse espaço econômico em expansão. Por sua vez, as atividades agrícolas e extrativas minerais têm alavancado a economia do Piauí e do Maranhão. Sergipe avança na indústria de transformação, sobretudo de alimentação e petroleira, mas também recuperou a capacidade de produzir gêneros primários, através da agricultura familiar.

Os estados do Ceará e da Bahia continuam muito fortes na indústria de transformação, mas têm enfrentado problemas na agricultura, sobretudo por possuir grandes áreas não agricultáveis proporcionalmente aos seus territórios. Na Bahia, a produção de grãos nas regiões meio-norte e sudoeste abriu novas e dinâmicas fronteiras agrícolas. Por possuir mais de 90% de sua área territorial no semiárido, a economia do Rio Grande do Norte ainda é muito dependente da sua concentrada indústria de transformação, principalmente nas áreas de petróleo e minerais não metálicos, bem como da atividade pesqueira.

As atividades de comércio, serviços e construção civil têm avançado em todos os estados nordestinos pelas razões acima apontadas. São as principais atividades econômicas em todos eles. A expansão desses três setores não foi diferente para a economia alagoana, alvo de nossas preocupações ao longo da primeira parte do livro.

Em estudo apresentado no XVIII Fórum Banco do Nordeste de Desenvolvimento, em 2012, realizado nas dependências da sede do Banco em Fortaleza, Ceará, já observamos esses movimentos regional e local.[2] Esse trabalho abre

---

2 Conferir trabalho em versão original no endereço <http://www.bnb.gov.br/content/aplicacao/eventos/forumbnb2012/docs/sim1_mesa3_a_insercao_economia_alagoana_recente_dinamica_crescimento_regional.pdf>.

a coletânea de textos sob o novo título "Involução relativa da economia alagoana", com algumas poucas atualizações, notadamente estatísticas. Nele, argumentamos sobre uma particularidade do caso econômico alagoano. Percebeu-se que a desenvoltura da economia do estado, na década de 2000, ficou muito aquém dos demais estados do Nordeste, com seu PIB *per capita* crescendo numa velocidade bem inferior. Isso implica afirmar que estados com economias consideradas mais pobres estão convergindo com Alagoas em renda *per capita* [caso do Piauí e do Maranhão], enquanto alguns outros se distanciam nesse aspecto. A esse movimento chamamos de involução econômica relativa, quando um sistema econômico cresce, mas dentro de uma dinâmica bem mais lenta em comparação com outros.

Aquele trabalho nos instigou a compreender melhor esse processo, levando ao alargamento dos estudos e tratamento de alguns indicadores e estatísticas que caracterizam a estrutura e a dinâmica econômica de Alagoas. Portanto, os textos que seguem o capítulo inicial são reflexões desenvolvidas recentemente sobre a economia do estado com o propósito de incorporar mais elementos, dados e informações que reforçassem aquela tese. Eles foram produzidos no período entre os dias finais de dezembro de 2013 e meados de 2014. Apesar de não obedecer a uma metodologia científica tradicional, o objetivo é levar à sociedade alagoana informações e análises sobre a realidade, dinâmica, problemas e desafios da economia do estado no contexto dos movimentos da economia, nos planos regional e nacional. Portanto, a primeira parte deste livro, intitulada "Realidades e dinâmica do subdesenvolvimento alagoano", dedica-se à compreensão das estruturas do estado sob a perspectiva econômica numa visão crítica e interdisciplinar.

Como os leitores observarão, alguns argumentos cimentam nossas análises. O primeiro deles sustenta que a economia alagoana enfrenta problemas estruturais para se industrializar diversificando sua atividade produtiva. O peso do setor sucroalcooleiro ainda é muito forte, sobretudo na produção física total e na geração de empregos formais na indústria de transformação. Entretanto, problemas relacionados a esse setor, discutidos ao longo dos textos, impõem ao estado sérios desafios futuros na ocupação do trabalho, notadamente porque a fabricação e o refino de açúcar bem como a produção de biocombustíveis estão encolhendo e provocando demissões em massa. Por outro lado, a chegada de novas indústrias, sobretudo no setor químico e plásticos, não tem dinamizado o mercado de trabalho, tampouco promovido a expansão de serviços especializados, com geração de empregos e renda, e receitas fiscais. Recursos imprescindíveis ao financiamento de políticas públicas para um estado pobre e enredado por uma dívida pública fenomenal, que cobra alto custo às suas finanças.

Diante dessa perspectiva, boa parte da crítica analítica contida na primeira parte do livro argumenta sobre a impossibilidade do atual modelo de industrialização do estado para resolver os problemas estruturais que se apresentam, pois a expansão da indústria de transformação, no que se refere a estabelecimentos e geração de empregos, é lenta e muito insuficiente.

Portanto, a maioria dos artigos dessa primeira parte busca compreender os problemas estruturais que a economia alagoana está enfrentando e virá a enfrentar, não desconhecendo o processo histórico de administração política do estado, que resultou, durante, pelo menos, três décadas, numa sociedade com os piores índices sociais do País e baixa capacidade de resposta econômica aos desafios de reversão desse quadro. E sobre esses aspectos, ainda na primeira parte, abordamos o problema da [in]segurança pública, com níveis vergonhosos de violência e homicídios como uma das contrafaces mais cruéis do subdesenvolvimento alagoano; resultado da crise institucional, social e na economia que o estado vem enfrentando. Esse conjunto de problemas resulta na baixa autoestima da maioria da população do estado. Outras temáticas são ainda abordadas, como o problema da propriedade da terra, constituindo um dos eixos centrais da pobreza e desigualdade de riqueza no estado; a dependência do segmento de gastronomia do fluxo de turistas, em razão do baixo nível de renda e consumo proporcionado pelo subdesenvolvimento econômico; as oportunidades perdidas pela não realização de jogos da Copa do Mundo na capital do estado; por fim, desafios dos próximos gestores se esse quadro em geral não se alterar com políticas públicas adequadas e fortalecimento da parceria com o Governo Federal.

Na segunda parte do livro, intitulada "Ensaios de economia contemporânea", reunimos um conjunto de textos que escrevemos ao longo de 2013 e 2014, com objetivo de subsidiar a discussão mais macro e nossas aulas no curso de graduação e mestrado em Economia da Universidade Federal de Alagoas. Alguns deles foram publicados em revistas especializadas, *sites* e no *Jornal dos Economistas* do Corecon-Rio de Janeiro. Julgamos importante a incorporação desses escritos pois eles podem ser lidos em separado por leitores que não estejam diretamente interessados no tema Alagoas, mas dedicam atenção à economia política brasileira e alguns assuntos mais de fundo, envolvendo teoria econômica, realidade e dinâmica do capitalismo contemporâneo.

Por fim, gostaríamos de fazer alguns agradecimentos especiais. A grande maioria desses textos não seria possível ter sido escrita sem o convite da equipe executiva do *site* Cadaminuto, principalmente Francivaldo Diniz e Carlos Melo. Eles nos deram total liberdade para publicá-los, reforçando a contribuição que esse veículo de comunicação vem dando às discussões política, econômica e social em

Alagoas. Estendemos os agradecimentos também a Reinaldo Gonçalves, professor-titular do Instituto de Economia da Universidade Federal do Rio de Janeiro, que sempre acreditou em nossas possibilidades e nos convida, frequentemente, para contribuir com o *Jornal dos Economistas* do Conselho Regional do Rio de Janeiro. Nesse importante periódico, contamos com a prestimosa colaboração do jornalista Marcelo Cajueiro, com suas revisões e edição dos textos que enviamos e aqui publicados para os leitores conferirem. A Rosa Freire D'Aguiar Furtado, presidente do Conselho Deliberativo do Centro Internacional Celso Furtado de Políticas para o Desenvolvimento, pelo acolhimento e apoio em publicar na página do Centro vários desses artigos.

Aos alunos do Programa de Educação Tutorial em Economia da Faculdade de Economia, Administração e Contabilidade da Universidade Federal de Alagoas, pela paciência na leitura e discussão coletiva de alguns artigos, possibilitando oportunidades de melhorá-los e aprofundamento de outros temas.

Aos professores [as] do curso de administração e administração pública da Ufal, *campus* de Arapiraca, que compõem o Programa de Pesquisa e Capacitação em Gestão Pública Municipal no Agreste Alagoano, André Luís N. dos Santos, André Yumi S. Kanikadan, Bruno S. Gonçalves, Fabiano S. dos Santos, Grace Kelly M. Rodrigues, João Martins Tude e Renato Luís P. Miranda. Esse grupo valioso tem dado uma excelente contribuição acadêmica à instituição e ao desenvolvimento da Administração Política como campo de conhecimento no País.

À Fundação de Amparo à Pesquisa do Estado de Alagoas [Fapeal] pelo apoio fundamental para que esse projeto fosse adiante.

Muitas pessoas participaram ativamente das discussões desde que iniciamos o *blog* no *site* Cadaminuto, em dezembro de 2013. Hoje, contamos, para a nossa grata surpresa, com mais de 100 mil acessos, que já ultrapassaram os limites alagoanos. Entretanto, um grupo muito especial tem acompanhado de muito perto as publicações, fazendo críticas, corrigindo imperfeições, sugerindo temas, elogiando e apoiando a continuidade do trabalho. São professores, amigos, alunos e ex-alunos, ex-orientandos e colegas. Desse grupo, nossos agradecimentos vão para Aldemir Freire, Alessandro Morais, Alexandre Manoel, Alexandre Toledo, Alexsandro Geraldo, Ana Milani, Anderson Henrique Araújo, Cadu Amaral, Carlos Antônio Miranda, Carlos Spinelli, Carol Frias, Cid Olival, Daniel Moura, Danilo Cavalcanti, Davi Soares, Deia Rodrigues, Denivaldo Targino, Diego Farias, Diogo Santana, Douglas Alencar, Eduardo Vieira, Elisangela Cariolando, Everton Calado, Evilásio Almeida, Evyjanssen Joseph, Flávia Yezzi, Flávio A. M. Saraiva, Geraldo Medeiros, Golbery Lessa, Guilherme Lopes, Guimário Amorim, Iremar Marinho, Jezonias Manoel, Joacir Aquino, José Elesbão, José Emílio dos Santos, José Murilo Baptista, Josi Gomes, Lara Matos, Luana Moraes, Luciana Caetano, Jupiraci Cavalcante, Leonel Barros, Lucas Sorgato, Luiz Antônio Jardim, Marcelo Albuquerque, Maria Maciel, Natallya Levino, Odilon Rios, Othoniel Pinheiro Neto, Paula Huana, Pedro Montenegro, Renato Augusto, Rogério Costa, Romilson Cabral, Rômulo Sales, Silvio Teles, Sinedei Pereira, Thiago Cavalcanti, Tissiana Souza, Victor Corcino, Walter Ramos e Wagner Torres.

Devemos agradecimento à Hucitec Editora e sua equipe, Flávio George Aderaldo, Mariana Tieme Nada, Mariangela Giannella e Kátia Reis que, zelosamente com muito empenho, tornaram esse projeto uma realidade. A Hucitec tem sido fundamental em nossa produção acadêmica e científica. Juntamente com a Escola de Administração da Universidade Federal da Bahia [Ufba] é responsável pela *Re-*

vista Brasileira de Administração Política (Rebap). Adotou uma linha editorial nesse campo que possibilita a publicação de trabalhos e sua ampla divulgação e circulação.

Aos meus dois mestres, José Bezerra de Araújo, professor da Universidade Federal de Campina Grande, e Reginaldo Souza Santos, professor-titular da Escola de Administração da Universidade Federal da Bahia, pelo cuidado e zelo com seus alunos, exemplos de dedicação ao ofício, responsabilidade, ética e respeito com as pessoas com quem trabalham e convivem. Fizeram-me aprender muito sobre a academia e a vida que levamos, dentro e fora, das universidades.

Um agradecimento muito especial fazemos a dois outros mestres em Alagoas. Ao professor e historiador da formação alagoana Luiz Sávio de Almeida, pela sua responsabilidade acadêmica e por liderar um espaço de discussões extremamente profícuo sobre os principais problemas da sociedade alagoana. O professor Sávio tem sido um incentivador para a continuidade de nosso trabalho e um interlocutor de elevado "calibre". Devemos muito também ao grande estudioso da economia do estado de Alagoas professor Cícero Péricles de Carvalho. O seu livro *Economia popular: uma via de modernização para Alagoas*, já em sua sexta edição, é uma referência obrigatória a quem deseje conhecer a radiografia da economia do estado, seu grau de pobreza e dificuldades em se desenvolver autonomamente; daí a importância da parceria republicana com o Governo Federal.[3] Além disso, o professor Cícero foi o maior incentivador para que esse trabalho chegasse a esses termos, lendo, fazendo sugestões e revelando as faces do subdesenvolvimento alagoano. Mesmo muito otimista, não perdia a sensibilidade crítica e o senso de responsabilidade em reconhecer os graves problemas estruturais do estado.

---

3 Cícero Péricles Carvalho. *Economia popular: uma via de modernização para Alagoas*. 6.ª edição. Maceió: Alagoas, 2012.

Muitas das ideias desenvolvidas neste livro foram formuladas e discutidas ao sabor da gastronomia regional do famoso restaurante maceioense Bodega do Sertão. Por essa razão nossos agradecimentos se estendem a Nado Freire e Francineide Diniz Freire e toda a equipe.

Por último, e não menos importante, agradeço imensamente à minha família. Janaína Diniz Guedes, Myllena Diniz e Mateus Diniz Guedes, que aguentaram quase meio ano de muito trabalho, sacrifícios em nossos passeios, na companhia diária e pela falta, muitas vezes, da merecida atenção, pois nosso pensamento insistia em ficar distante de nossas conversas e momentos de descontração porque Alagoas ocupava nossa consciência. Mas como Aristóteles certa feita apontou: *o homem livre é senhor de sua vontade e somente escravo de sua consciência*, os problemas alagoanos me escravizaram nos últimos tempos. Mas o que seria do mundo se esse tipo de aprisionamento não existisse? O que seria de nós se não contássemos com nossas famílias nesse exílio intelectual?

Parte I
REALIDADE E DINÂMICA DO SUBDESENVOLVIMENTO ALAGOANO

1
A INVOLUÇÃO RELATIVA DA ECONOMIA ALAGOANA

O texto procura enfatizar a inserção da economia alagoana na nova dinâmica de crescimento regional. Seus objetivos específicos são: *i*] avaliar as características desse novo padrão de crescimento recente do Nordeste, *ii*] realizar comparações entre os desempenhos das economias da região e *iii*] verificar como a economia alagoana se encontra, atualmente, em inserção nesse contexto de mudanças significativas de trajetórias de crescimento.

O trabalho está subdividido em duas grandes partes. Na primeira, enfatizam-se as características do crescimento econômico regional, procurando avaliar os impactos que os principais programas do Governo Federal causaram em dinamização das relações de oferta e demanda. Para isso, fez-se uso dos dados das contas regionais publicados pelo IBGE e estatísticas demográficas com o intuito de verificar o desempenho da renda *per capita* das economias estaduais em comparação aos desempenhos regional e nacional.

*Versão primária deste trabalho, sob o título "A inserção da economia alagoana na recente dinâmica do crescimento regional" foi publicada na *Revista de Economia Política do Desenvolvimento*. Maceió: Edufal, vol. 4, n.º 10, jan.-abr. 2011, pp 151-86.

Na segunda parte, procurou-se avaliar o desempenho do estoque dos empregos formais por subárea econômica, de forma que se compreenda como os resultados econômicos têm-se refletido em geração de empregos nas economias estaduais. Com base na manipulação do banco de dados do Ministério do Trabalho e Emprego, especificamente tomando as estatísticas da Rais e do Caged, pode-se verificar que os impactos na criação de novos empregos e crescimento do seu estoque têm sido muito variados de estado para estado. No caso de Alagoas, podemos afirmar que os impactos do crescimento regional recente, determinados, principalmente, pelas políticas de abrangência nacional, se refletiram, especialmente, nos setores de comércio, serviços e construção civil.

Ao final, conclui-se que a economia alagoana tem crescido basicamente em razão das implicações da nova dinâmica regional, influenciada pelas políticas do Governo Federal, com ampliação dos investimentos públicos, aumento das transferências intergovernamentais e expansão dos programas de assistência social. Mesmo levando em conta esses importantes fatores, a economia alagoana parece não reagir de forma mais dinâmica que possa aumentar a sua participação na riqueza regional. Pelo contrário, como se verá mais adiante, Alagoas vem perdendo espaço gradualmente para outros estados do Nordeste até então considerados os mais pobres no *ranking* regional. Com isso, concluir-se-á que a economia alagoana, paradoxalmente, tem apresentado um quadro de involução econômica relativa.

1. Características e tendências do crescimento econômico recente
1.1. O modelo de crescimento econômico

A economia nordestina nos últimos seis anos tem crescido economicamente acima da taxa média do Brasil. Considerando os dados mais recentes disponíveis das contas regionais divulgados pelo IBGE, entre 2005 e 2009 a média de crescimento econômico, levando em conta o PIB a preços constantes, foi de 5,4% para o Nordeste contra 4,6% para a economia nacional. No crescimento acumulado, tomando por base o ano de 2002, também se verifica que a dinâmica do Nordeste é superior à brasileira [ver à frente Tabela 2]. Em 2010, esse dinamismo não se modificou segundo estimativas de várias consultorias especializadas, mesmo considerando a desaceleração econômica do País, em 2009, em razão da crise econômica internacional que se aprofundou sobremaneira a partir do último trimestre de 2008, com a concordata declarada do megabanco norte-americano Lehman Brothers.

Entretanto, apesar de o forte dinamismo econômico nordestino ter superado a média nacional no período considerado, este movimento não foi homogêneo entre todas as economias da região. A situação intrarregional apresentou diferenças substanciais. Considerando as taxas médias de crescimento para 2004-2008, algumas economias da região superaram a média regional, outras ficaram entre a média nacional e a nordestina e apenas duas apresentaram taxas de crescimento muito inferiores. No primeiro bloco, destacam-se Maranhão, com 8,1% de crescimento em média, Paraíba e Piauí, ambos com 7%, e Ceará e Rio Grande do Norte, com 5,8%. No segundo bloco, figuraram Sergipe e Pernambuco, com 5,3% e 5,2%, respectivamente. Por último, as economias com menores taxas de crescimento na média, para aquele período, foram: Bahia, com 4,2%, muito próximo do desempenho da média nacional, que foi de 4,6%; e Alagoas apresentando um desempenho bem abaixo com apenas 3,8% de crescimento. Em 2009, o resultado foi desfavorável somente para as economias da Bahia e do Maranhão, que apresentaram taxas de crescimento do PIB negativas em relação a 2008, –0,6% e –1,7%, respectivamente. As demais economias da região cresceram com taxas maiores que a brasileira [–0,3%], com destaque para Piauí [6,2%], Sergipe [4,4%], Pernambuco [2,6%], Alagoas [2,1%], Paraíba [1,6%], Rio Grande do Norte [1,5%]. Somente o Ceará não obteve crescimento no período, ficando estagnado.

As consequências mais gerais que refletem os resultados do recente crescimento da economia nordestina podem ser explicadas por uma ordem de fatores inter-relacionados, os quais foram responsáveis pelo estímulo à ampliação dos investimentos na região e a expansão da renda e do consumo, sobretudo naquelas faixas de população que apresentavam, historicamente, baixo poder aquisitivo.

Pode-se destacar, primeiramente, o impacto que o Programa Bolsa Família exerceu no Nordeste em virtude de, nesta parte do País, encontrar-se o maior número de famílias dependentes do Programa, contingentes muito superiores de famílias em estado de pobreza ou muito abaixo dessa linha, herança histórica de um passado colonial e escravista.

Em 2010, cerca de 6,4 milhões de famílias foram atendidas no Nordeste com o respectivo Programa, ou seja, aproximadamente 50% de todo o País. Outro elemento estimulante do crescimento do consumo na região tem sido a elevação real do salário mínimo, que afeta tanto os trabalhadores da ativa quanto a grande maioria de aposentados e pensionistas do INSS. Juntando o Programa Bolsa Família com os demais programas de transferência de renda condicionados, somado ao crescimento relativo do salário mínimo, tem-se uma verdadeira demanda efetiva responsável pela explosão do consumo das famílias da região.

Para incrementar ainda mais essa expansão do consumo, a possibilidade ampliada de acesso ao crédito, de diversas modalidades, ampliou o horizonte das famílias brasileiras de aquisição de bens e serviços, o que normalmente seria limitado e adiado no tempo se elas pudessem somente contar com a renda líquida presente, ou seja, elas jamais poderiam acessar bens de consumo duráveis modernos. Em 2009, somente o Banco Nacional de Desenvolvimento Econômico e Social [BNDES] aportou para investimentos no Nordeste 16% de recursos de sua carteira total, o que significou cerca de 22 bilhões de reais, superando a média histórica de 6% de recursos destinados ao ano. Em relação ao crédito para o consumidor brasileiro, em 2010, 18% do PIB foi o nível de recursos disponibilizados pelo sistema financeiro nacional.

Outro fator que impulsionou o crescimento nordestino e a geração de emprego e renda foi a política econômica anticíclica implementada pelo Governo Federal, como maneira de enfrentar as turbulências da crise financeira internacional e manter o ritmo de crescimento da economia brasileira. Foi neste contexto que nasceu o Programa Minha Casa Minha Vida, contribuindo para a construção civil no Brasil tomar um novo ritmo de crescimento. No Nordeste, esse efeito foi ainda mais extraordinário. Os programas de reconstrução das casas e estabelecimentos comerciais destruídos, em razão das fortes chuvas que marcaram algumas sub-regiões, também contribuíram para reacender o setor e aquecer o mercado de trabalho. Para efeito de registro, o estoque de empregos na construção civil no Nordeste, entre 2005 e 2010, cresceu quase uma vez e meia, passando de 233.401 para 570.023 contratos formais.

Por fim, e não menos importante, deve-se destacar como grandes impulsionadores do crescimento econômico regional os Programas de Aceleração do Crescimento I e II, lançados pelo Governo Federal em 2007 e 2011, respectivamente. Para efeito de registro, dos R$ 619 bilhões previstos para serem executados nos diversos pacotes de investimentos em âmbito nacional [logística, infraestrutura social e urbana e energia] pelo PAC I [2007/2010], o Nordeste foi contemplado com mais de um sexto do total, R$ 116 bilhões.

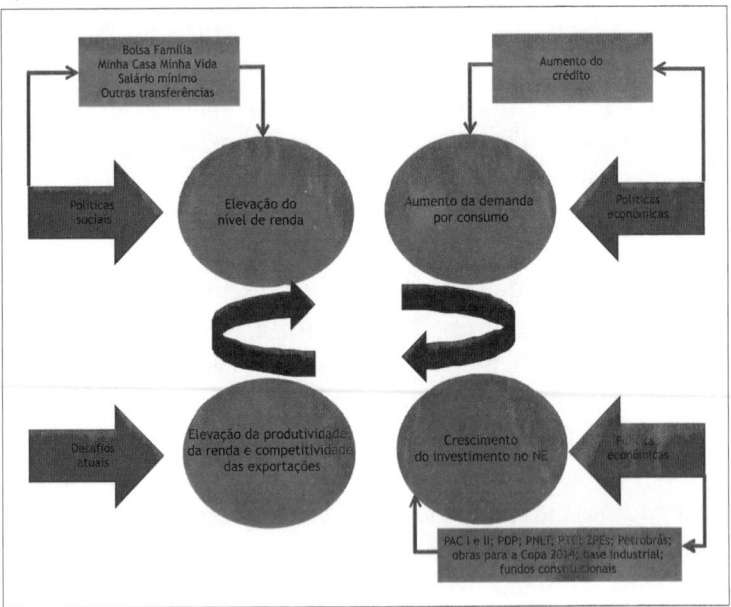

Quadro 1. Padrão recente de crescimento econômico no Nordeste

Nota: PAC [Plano de Aceleração do Crescimento]; PDP [Plano de Desenvolvimento Produtivo]; PNLT [Plano Nacional de Logística e Transporte]; PTC [Programa Territórios da Cidadania]; ZPEs [Zonas de Processamento de Exportações]. Baseado em Bacelar [2011].

1.2. A dinâmica econômica recente do Nordeste e a inserção alagoana

É importante salientar que, apesar de os fatores citados na seção anterior terem influenciado sobremaneira o crescimento econômico nordestino recente, assim como outros de menor relevância, a participação econômica da região no PIB nacional não tem superado a marca histórica de 13%, apesar de concentrar 27,8% da população brasileira, somente ficando atrás do Sudeste com 42,1% da população, mas com 56% do PIB nacional. Essa estagnação relativa ainda mantém as características das desigualdades regionais no País. Isso ainda é mais importante quando percebemos que a dinâmica intrarregional no Nordeste parece promover uma mudança na posição hierárquica entre as economias estaduais, mais precisamente das que se encontram nas faixas intermediárias para baixo no *ranking* regional [Tabela 1].

Tabela 1. Evolução do PIB do Nordeste, 2002/2011 [R$ milhões a preços correntes]

UN	2002	2003	2004	2005	2006	2007	2008	2009	2010	2011
BA	60.672	68.147	79.083	90.919	96.521	109.652	121.581	137.075	154.340	159.869
PE	35.251	39.308	44.011	49.922	55.493	62.256	70.441	78.428	95.187	104.394
CE	28.896	32.565	36.866	40.935	46.303	50.331	60.099	65.704	77.865	87.982
Total/NE	65,0%	64,5%	64,7%	64,8%	63,7%	63,9%	63,4%	64,2%	64,5%	63,4%
MA	15.449	18.483	21.605	25.335	28.620	31.606	38.487	39.855	45.251	52.187
RN	12.198	13.515	15.580	17.870	20.555	22.926	25.481	27.905	32.339	36.103
PB	12.434	14.158	15.022	16.869	19.951	22.202	25.697	28.719	31.947	35.444
Total/NE	20,9%	21,2%	21,3%	21,4%	22,2%	22,0%	22,5%	22,0%	21,5%	22,2%
AL	9.812	11.210	12.891	14.139	15.748	17.793	19.447	21.235	24.575	28.540
SE	9.454	10.874	12.167	13.427	15.124	16.896	19.552	19.767	23.932	26.199
PI	7.425	8.777	9.817	11.129	12.788	14.136	16.761	19.033	22.060	24.607
Total/NE	14,1%	14,3%	14,0%	13,8%	14,1%	14,1%	14,1%	13,8%	13,9%	14,2%
NE	191.591	217.037	247.042	280.545	311.103	347.798	397.546	437.720	507.502	555.325
NE/BR	12,9%	12,7%	12,7%	13,0%	13,1%	13,0%	13,1%	13,5%	13,4%	13,4%
BR	1.477.822	1.699.948	1.941.498	2.147.239	2.369.484	2.661.344	3.031.864	3.239.404	3.770.085	4.123.013

Fonte: IBGE, Contas Regionais. Elaboração própria.

No Nordeste, o processo de concentração econômica ainda persiste, beneficiando os três estados mais dinâmicos e com maiores níveis de produto, Bahia, Ceará e Pernambuco. Essas três economias são responsáveis por mais de 64% do PIB regional, em 2009, e ainda abarcam mais de 60% dos investimentos dos Programas de Aceleração do Crescimento I e II, disputando entre si os principais blocos de inversões da iniciativa privada e, principalmente, do Governo Federal e empresas estatais, como a Petrobras.

Por outro lado, os demais estados disputam e procuram, incessantemente, aumentar as suas participações no PIB da região. Destacam-se nesta disputa Maranhão, Piauí, Sergipe e Paraíba. Essas economias têm apresentado taxas acumuladas de crescimento até mesmo superiores à da economia brasileira, permitindo que a mobilidade ascendente seja motivo de destaque nas avaliações mais dinâmicas.

Por sua vez, as economias de Alagoas e do Rio Grande do Norte não têm demonstrado o mesmo desempenho. As avaliações mais recentes colocam, porém, este último estado em rota de crescimento em razão dos elevados pacotes de investimentos que estão programados para os próximos anos, principalmente relacionados à exploração de petróleo e à realização da Copa do Mundo, em 2014.

No caso de Alagoas, o drama é ainda mais acentuado em razão de esta economia já ter posição entre as quatro maiores do Nordeste em participação no PIB regional em meados do século XX, vindo a perder essa posição ao longo, notadamente, das últimas duas décadas, como será observado adiante. Como ficou demonstrada na Tabela 2, a dinâmica do crescimento acumulado do PIB alagoano foi a menor de todos os estados nordestinos, verificando-se crescimento entre 2002 e 2009 de apenas 25,7%, menor mesmo que a média para a região. Somente a partir de 2010 e 2011 ele se recuperou, mas devido, sobretudo, à produção da indústria de alimentos e bebidas, especialmente à forte dinâmica da produção açucareira para exportação, que bateu recordes em *quantum* e valor nesses últimos dois anos.

Tabela 2. Índice de crescimento acumulado do PIB do Nordeste, 2002-2011 [2002=100]

UN	2002	2003	2004	2005	2006	2007	2008	2009	2010	2011
PI	100,0	105,4	112,0	117,1	124,2	126,7	137,9	146,4	197,1	231,4
MA	100,0	104,4	113,8	122,1	128,2	139,8	146,0	143,4	192,9	237,8
CE	100,0	101,5	106,7	109,7	118,5	122,5	132,9	132,9	169,5	204,5
PE	100,0	99,4	103,4	107,8	113,3	119,4	125,7	129,2	170,0	196,1
RN	100,0	101,5	105,0	109,2	114,4	117,4	122,7	146,4	165,1	196,0
AL	100,0	99,4	103,9	108,9	113,7	118,3	123,2	125,7	150,5	190,9
Nordeste	100,0	101,9	108,5	113,5	118,9	124,6	131,5	132,8	164,9	189,8

segue

UN	2002	2003	2004	2005	2006	2007	2008	2009	2010	2011
PB	100,0	105,3	108,2	112,5	120,1	122,7	129,5	131,6	156,9	185,1
Brasil	100,0	101,1	106,9	110,3	114,7	121,7	127,9	127,5	155,1	179,0
SE	100,0	102,7	109,5	115,7	120,4	127,9	131,2	137,1	153,1	177,1
BA	100,0	102,2	112,0	117,4	120,5	126,9	133,5	132,7	154,4	163,5

Fonte: IBGE, Contas Regionais. Elaboração própria.

Em termos populacionais, e admitindo-se os quatro últimos censos demográficos, todos os estados nordestinos apresentam diminuição no ritmo de crescimento populacional, com destaque para Paraíba, Pernambuco, Piauí e Bahia, que alcançaram médias de crescimento abaixo da média regional, no longo período considerado. Por outro lado, os estados de Sergipe, Rio Grande do Norte, Maranhão, Ceará e Alagoas continuam com crescimento médio populacional acima da média nordestina. No entanto, se analisarmos a velocidade da diminuição do crescimento populacional, verificamos que, entre 1991 e 2010, Alagoas diminuiu 14,2 pontos percentuais. Assim, do ponto de vista da análise comparativa a partir da distribuição do PIB, ou seja, em PIB *per capita*, alguns elementos interessantes se apresentam diante da dinâmica do crescimento econômico e populacional nas últimas décadas, notadamente do ponto de vista da redefinição da hierarquia econômica intrarregional.

Tabela 3. Evolução da população, taxa de crescimento e médias, 1980-2010

UM	Evolução da população				Taxa de Crescimento Populacional			Média
	1980	1991	2000	2010	1991	2000	2010	
BA	9.597.393	11.855.157	13.066.910	14.016.906	23,5	10,2	7,3	13,7
PE	6.244.275	7.122.548	7.911.937	8.796.448	14,1	11,1	11,2	12,1
CE	5.380.432	6.362.620	7.418.476	8.452.381	18,3	16,6	13,9	16,3
MA	4.097.231	4.929.029	5.642.960	6.574.789	20,3	14,5	16,5	17,1
RN	1.933.126	2.414.121	2.771.538	3.168.027	20,3	14,8	14,3	18,0
PB	2.810.032	3.200.677	3.439.344	3.766.528	24,9	7,5	9,5	10,3
AL	2.011.875	2.512.991	2.819.172	3.120.494	13,9	12,2	10,7	15,9
SE	1.156.642	1.491.867	1.781.017	2.068.017	24,9	19,4	16,1	21,5
PI	2.188.150	2.581.215	2.841.202	3.118.360	29,0	10,1	9,8	12,6
NE	35.419.156	42.470.225	47.693.253	53.081.950	18,0	12,3	11,3	14,5

Fonte: IBGE. Elaboração própria.

O estado de Sergipe ainda continua com o maior PIB *per capita* absoluto do Nordeste, acompanhado da Bahia, do Rio Grande do Norte e de Pernambuco. Abaixo da média regional, encontram-se Ceará, Paraíba, Alagoas, Maranhão e Piauí. Se observarmos o fato de que Bahia e Alagoas foram os dois estados em que a população cresceu num ritmo menor nos últimos quatro censos, chegamos à conclusão de que a Bahia ficou ligeiramente em vantagem com relação a Alagoas, apesar de as duas economias apresentarem taxas muito baixas de crescimento do PIB *per capita*.

No caso baiano, o forte declínio populacional permitiu ligeira vantagem. Para Alagoas, o baixo crescimento do produto durante o período verificado não permitiu que a economia do estado se aproveitasse das janelas de oportunidades criadas pelo processo de transição demográfica, quando a população cresce em ritmo bem mais lento e isso pode promover aumentos no PIB *per capita*, caso a taxa de crescimento econômico seja superior ao da população.

Tabela 4. Evolução do PIB *per capita*, 2002-2011 [preços correntes, R$]

UN	2002	2003	2004	2005	2006	2007	2008	2009	2010	2011
BA	4.524	5.051	5.780	6.571	6.918	7.787	8.378	9.364	11.007	11.340
PE	4.327	4.773	5.287	5.933	6.526	7.663	8.064	8.901	10.821	11.776
CE	3.735	4.145	4.621	5.055	5.634	6.149	7.111	7.686	9.216	10.314
MA	2.636	3.111	3.587	4.150	4.627	5.165	6.103	6.259	6.888	7.582
RN	4.234	4.626	5.259	5.950	6.753	7.607	8.202	8.893	10.207	11.286
PB	3.538	3.998	4.209	4.691	5.506	6.097	6.865	7.617	8.481	9.348
AL	3.370	3.804	4.324	4.688	5.162	5.858	6.227	6.728	7.874	9.079
SE	5.059	5.718	6.289	6.823	7.559	8.711	9.778	9.787	11.572	12.536
PI	2.544	2.977	3.297	3.701	4.211	4.661	5.372	6.051	7.072	7.835
NE	3.890	4.355	4.898	5.498	6.028	6.748	7.487	8.167	9.561	10.379
BR	8.378	9.497	10.692	11.658	12.686	14.464	15.989	16.917	19.016	21.535

Fonte: IBGE. Elaboração própria.

Das economias estaduais que apresentam níveis de renda *per capita* elevados em relação à média regional, Sergipe tem-se destacado em aumento da participação, notadamente entre 2005 e 2008, quando novamente apresenta um movimento ascendente em recuperação aos níveis alcançados em

2002. Entretanto, em 2009, a participação do PIB *per capita* sergipano decresceu fortemente. Depois desse ano, essa participação declinou, mas foi se recuperando gradativamente até 2011, mantendo uma média simples de um PIB *per capita* de 20% superior ao Nordeste [Gráfico 1].

Por sua vez, Pernambuco, a partir de 2008, iniciou um processo de recuperação de sua participação, e isso tem, certamente, relação com a desenvoltura não somente das atividades comerciais e de serviços, mas da construção civil e, sobretudo, com a retomada de grandes blocos de investimentos industriais no estado, com destaque para o desenvolvimento do Polo de Suape.

No caso do Ceará, apesar da tendência de queda até 2007, a partir do ano subsequente a participação de sua riqueza *per capita* no Nordeste retomou trajetória altista chegando, em 2011, a superar o nível verificado uma década anterior. Certamente, os impactos dos avanços nos segmentos de comércio, serviços e construção civil também colaboraram com esses resultados. Mas a economia cearense também foi contemplada com investimentos industriais e de infraestrutura importantes na última década, a exemplo da expansão do complexo industrial e portuário de Pecém.

Até 2010, a participação do PIB *per capita* baiano no nordestino apresentava comportamento muito irregular, com tendência de decréscimo. Em 2011, em razão da melhoria do mercado internacional de *commodities* industriais e agrícolas, bem como a retomada muito forte da construção civil no estado, essa participação se elevou, ficando 21% superior à média da região. Mudanças no cenário internacional devem ter afetado mais diretamente os setores agrícolas e industriais, pois as vendas de tais segmentos no estado são muito dependentes desse mercado.

Gráfico 1. Evolução da participação do PIB *per capita* dos estados da Bahia, Pernambuco, Ceará e Sergipe no PIB *per capita* do Nordeste, 2002-2011 [%]

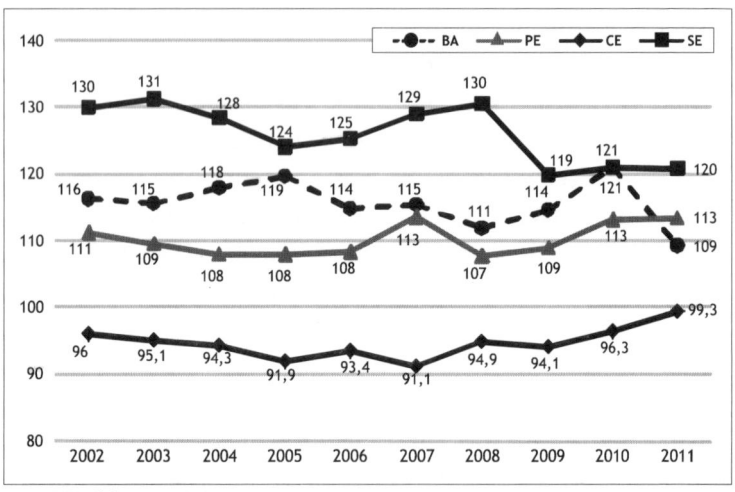

Fonte: IBGE. Elaboração própria.

No Gráfico 2, assinalamos a tendência crescente da participação dos estados do Maranhão e do Piauí desde o ano de 2002. A renda *per capita* paraibana vem evoluindo em relação à do Nordeste desde 2005.

Entretanto, o único estado onde o PIB *per capita* parece não se recuperar sustentavelmente, tampouco acompanhar o movimento dos que estão abaixo do PIB *per capita* nordestino, é o de Alagoas [Gráfico 2].

Em 2002, ele se situava na sétima posição no *ranking* dos produtos *per capita* do Nordeste, bem próximo do Ceará e da Paraíba e muito acima do Maranhão e do Piauí [Tabela 4]. Como se observa no Gráfico 2, o PIB *per capita* de Alagoas despenca de uma participação na região de 86,6%, em 2002, para 82,4%, em 2010. Em 2011, a participação se recupera, tendo fortes impactos na alteração dos dados relativos da economia alagoana e sua renda *per capita* comparativamente aos demais estados do Nordeste, como veremos adiante.

Gráfico 2: Evolução da participação do PIB *per capita* dos estados do Rio Grande do Norte, Maranhão, Paraíba, Alagoas e Piauí no PIB *per capita* do Nordeste, 2002-2011 [%]

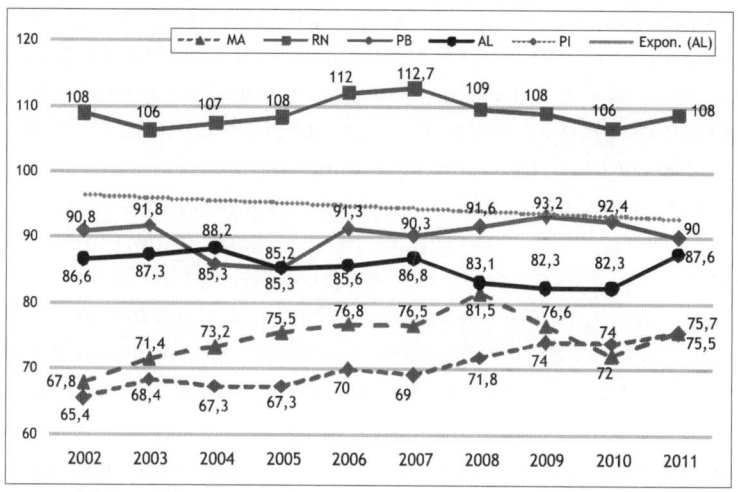

Fonte: IBGE. Elaboração própria.

A breve recuperação em 2011 tem relação com o *boom* das exportações de açúcar do estado. Para se ter uma ideia, em 2010, as vendas do estado no comércio internacional alcançaram US$ 971 milhões e, em 2011, US$ 1,3 bilhão, ou seja, um incremento excepcional de 41%. Esse momento excepcional do mercado internacional para o principal produto alagoano alavancou a indústria de transformação do estado, principalmente o segmento de produção de alimentos e bebidas, fazendo o setor avançar no PIB estadual de 9,3% para 13,5%, e no Valor Adicionado Bruto [VAB] de 21,2% para 25,2%. Porém, a reversão do quadro internacional em 2012 implicou a desaceleração da indústria alagoana e as exportações voltaram a cair com tendência de continuidade.[1]

Retomando, com aquele movimento o PIB *per capita* alagoano tem-se distanciado do cearense e do paraibano e se ni-

1 Sobre esse aspecto do crescimento industrial em Alagoas no ano de 2011, confira o próximo capítulo do livro.

vela por baixo em relação ao Maranhão e ao Piauí, por exemplo. Reforça-se, com isso, o argumento de que, apesar de a população alagoana ser das que menos cresce na região, a produção de riqueza no estado não vem crescendo a ponto de fazer o PIB *per capita* também evoluir. Isso ficou evidenciado quando as contas regionais registraram, em 2008, redução da participação do PIB alagoano no PIB brasileiro de 0,7% para 0,6%. Em 2009, tornou a recuperar a participação no PIB regional sem grandes modificações importantes daí em diante, ao contrário da evolução do Maranhão e do Piauí.

Assim, *o desempenho da economia alagoana, portanto, significa um caso típico de involução econômica ao nível de baixa produtividade do sistema econômico.* Em termos objetivos, entre as economias que se situam abaixo do nível do produto *per capita* do Nordeste, destacam-se os desempenhos do Piauí e, principalmente, do Maranhão. Eles saem de uma participação regional de 65,4% e 67,8%, em 2002, para 75,5% e 75,7%, em 2011, respectivamente. Em 2008, o PIB *per capita* maranhense alcançou 81,5%. A Paraíba, em 2005, volta a recuperar a sua participação e continua lentamente convergindo à média regional [Gráfico 2].

A perda de dinamismo da economia alagoana fica ainda mais evidente quando se amplia o escopo de análise numa comparação simples de participação do PIB *per capita* do estado em relação aos demais estados nordestinos. Se observarmos, portanto, a relação do produto alagoano nos três PIB *per capita* das maiores economias da região, perceberemos um empobrecimento de Alagoas. Em 2002, a riqueza *per capita* do estado correspondia a 74,5% da baiana, a 77,9% da pernambucana e a 90,2% da cearense. Em quase dez anos, portanto em 2011, a distância aumentou no caso do Ceará [88,1%] e estacionou em relação a Pernambuco [77,1%]. Em comparação à Bahia, o resultado é o mesmo no período, mas esse nível chegou a cair para 68%, em 2010.

Porém, observem, como assinalamos anteriormente, que esses resultados foram alterados por causa do *boom* das exportações alagoanas em 2011, que permitiu o crescimento da indústria de transformação e, por consequência, do PIB estadual. Entretanto, até 2010, como a Tabela 5 e o Gráfico 3 apontam, a tendência era de redução do PIB *per capita* alagoano em comparação com todos os demais.

No caso de Sergipe, entre 2002 e 2008, a tendência foi de diminuição na comparação da riqueza *per capita* alagoana em relação a esse estado. Porém, a partir 2009, ocorreu recuperação que parece não demonstrar fôlego, pois em 2011 houve inversão desse movimento tanto pela razão já apontada, como por questões internas à economia sergipana, como sua elevada dependência de seu setor industrial do segmento de produção de petróleo e gás.

Tabela 5. Participação do PIB *per capita* alagoano no PIB *per capita* dos demais estados da região Nordeste e do Brasil, 2002-2011 [%]

UN	2002	2003	2004	2005	2006	2007	2008	2009	2010	2011
AL/BA	74,5	75,6	74,8	71,2	74,6	75,2	74,3	71,8	68,0	80,1
AL/PE	77,9	79,7	81,8	79,0	79,1	76,4	77,2	75,6	72,8	77,1
AL/CE	90,2	91,8	93,6	92,7	91,6	95,3	87,6	87,5	85,4	88,0
AL/MA	127,8	122,3	120,5	112,9	111,6	113,4	102,0	107,5	114,3	115,6
AL/RN	79,6	82,2	82,2	78,8	76,4	77,0	75,9	75,6	77,1	80,4
AL/PB	95,2	95,2	102,7	99,9	93,8	96,1	90,7	88,3	89,1	97,1
AL/SE	66,6	66,5	68,8	68,7	68,3	67,2	63,7	68,7	68,0	72,4
AL/PI	132,5	127,8	131,2	126,7	122,6	125,7	115,9	111,2	111,3	115,9
AL/NE	86,6	87,4	87,4	88,3	85,6	86,6	83,2	82,4	82,4	87,5
AL/BR	40,2	40,1	40,4	40,2	40,7	40,5	38,9	39,8	41,4	42,2

Fonte: IBGE. Elaboração própria.

Quando comparamos o produto *per capita* alagoano no que se refere à participação no produto dos estados que apresentam níveis inferiores à média nordestina, fica ainda mais cristalina a extraordinária deterioração da posição de Alagoas *vis-à-vis* o desempenho econômico regional. Com exceção da Bahia e de Pernambuco, Alagoas vem perdendo participação relativa em todos os demais estados da região, até mesmo em relação às médias nordestina e brasileira.

Gráfico 3. Evolução da participação do PIB *per capita* alagoano nos estados de Sergipe, do Ceará, de Pernambuco e da Bahia, 2002-2011 [%]

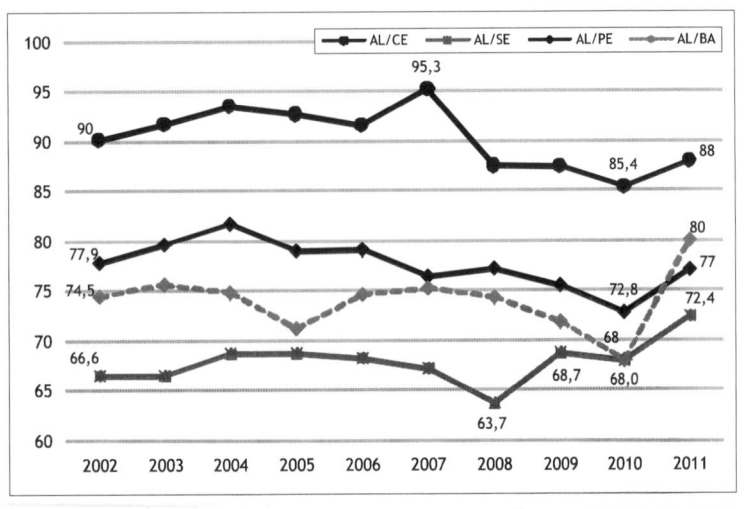

	AL/CE	AL/SE	AL/PE	AL/BA
2002	90	74,5	77,9	66,6
2007	95,3			
2008				63,7
2009				68,7
2010	85,4		72,8	68,0
2011	88	72,4	77	80

Fonte: IBGE. Elaboração própria.

Comparando a participação do produto *per capita* de Alagoas com dos estados do Rio Grande do Norte e da Paraíba, o declínio relativo foi da ordem de –3,1% e –6,4%, respectivamente, entre 2002 e 2010.

Mas o que realmente chama a atenção é a convergência do produto *per capita* do Maranhão e do Piauí ao de Alagoas. Em 2002, a riqueza média da economia alagoana chegava a 132,5% e 128% do Piauí e do Maranhão [Gráfico 4]. Entretanto, entre 2002 e 2010, ocorreu intenso declínio da ordem de –16% e –10,5%, respectivamente, na relação da riqueza *per capita* alagoana com aqueles estados considerados também mais "pobres" da região Nordeste. É certo que houve recuperação no ano de 2011, mas insistimos que foram razões exógenas que determinaram esse movimento. O analista menos cuidadoso pode correr o risco de ser enganado pela simples observação dos dados se não levar em conta as especificidades dos acontecimentos econômicos naquele ano.

Portanto, metaforicamente, é como se os estados do Nordeste fossem carros competindo em uma corrida de Fórmula 1, e nela o carro de Alagoas estivesse disputando as últimas colocações, sendo ameaçado de levar uma volta do Piauí e do Maranhão, que apresentam motores com melhor e maior desempenho, bem como pilotos mais audaciosos e talentosos.

Gráfico 4. Evolução da participação do PIB *per capita* alagoano nos estados do Rio Grande do Norte, do Piauí, do Maranhão e da Paraíba, 2002-2011 [%]

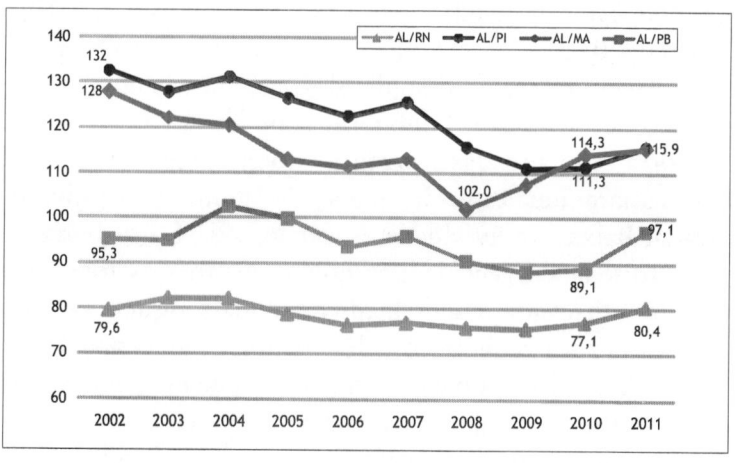

Fonte: IBGE. Elaboração própria.

A linha de tendência da participação de Alagoas no produto *per capita* da região mostra, claramente, o resultado geral, ou seja, uma diminuição sensível na riqueza econômica alagoana em termos relativos à nordestina, apesar de haver crescimento econômico em termos absolutos, enquanto, como foi apontado, não existe convergência de forma alguma em relação aos estados de Pernambuco e de Sergipe. Em relação à Bahia, a situação é estável pelos motivos já levantados, ao passo que Ceará, Paraíba e Rio Grande do Norte, desde a década de 1980, vêm numa trajetória de alinhamento e até mesmo ultrapassagem do produto *per capita* de Alagoas, como é o caso potiguar.

Tomando um período mais longo de tempo, em 1985, a economia de Alagoas era quase duas vezes e meia mais rica, em renda *per capita,* que Maranhão e Piauí. Como pode ser visto, os resultados até 2010 apontam, portanto, para forte deterioração dessa relação, e Maranhão e Piauí convergindo, velozmente, para o mesmo nível de riqueza de Alagoas. Mencione-se, ainda, que, com população de 6% do total do Nordeste, Alagoas vê sua participação econômica na região cair de 6,0%, em 1985, para 4,8%, em 2010, e 5%, em 2011.

Assim, temos no caso de Alagoas, um exemplo emblemático de involução econômica, com fortes características de fortalecimento das estruturas do subdesenvolvimento, quais sejam: uma estrutura econômica muito pouco diversificada; baixa produtividade e ocupação da força de trabalho;[2] forte heterogeneidade tecnológica entre os setores produtores; e elevada desigualdade de renda e riqueza. Aliado a esses fatores econômicos, destacam-se: baixo padrão na oferta de serviços públicos; altos índices de analfabetismo e baixo nível de escolaridade; forte concentração fundiária, que, aliada à elevada densidade demográfica, provoca distúrbios de mobilidade urbana, ocupação do solo nas cidades e baixo nível de acesso à habitação própria; e, como consequência geral, a explosão da violência, urbana e rural, notadamente nos estratos inferiores da sociedade alagoana e entre os jovens. Com todos esses problemas, ainda não se pode contar com um sistema de governança (instituições) adequado para os desafios que exigem as mudanças estru-

---

2 Os dados mais recentes sobre a taxa de desocupação em Alagoas, para 2009, registram um nível de 10% da População Economicamente Ativa [PEA], acima da média nordestina, que ficou em 8,9%, e somente abaixo da de Pernambuco, com 12%. Os maiores percentuais atingem os jovens com idades entre 15 e 24 anos, a maioria mulheres [13,4%].

turais e o aperfeiçoamento, com inovação e criatividade, da prática de políticas públicas.

Na presente análise, pode-se incluir ainda uma avaliação do comportamento econômico setorial e do emprego como maneira de trazer a reflexão até os nossos dias. Assim, na próxima seção, procederemos a uma análise de como evolui e como foi a dinâmica intrarregional do ponto de vista do crescimento de alguns setores econômicos, bem como isso se refletiu em expansão no estoque de empregos.

Com base nos dados consolidados do Ministério do Trabalho, pela Relação Anual de Informações Sociais [Rais], do Censo Agropecuário e as das várias Pesquisas Mensais do Comércio, ambos documentos do IBGE, far-se-á uma avaliação comparativa entre o desempenho da economia alagoana com os demais estados do Nordeste. Com isso, verificar-se-á que muitos dos aspectos que foram apontados nessa primeira parte se comprovarão quando correlacionarmos esses resultados com o desempenho do produto *per capita* regional, como foi feito até então.

2. Evolução econômica regional do ponto de vista setorial e do estoque de emprego
2.1. Indústria

Uma avaliação do comportamento do crescimento de unidades industriais no Nordeste pode contribuir para esclarecer melhor o desempenho do crescimento econômico dos estados da região como foi feito sumariamente na parte anterior. Como pode ser observado na Tabela 6, o crescimento acumulado de estabelecimentos industriais no Nordeste, entre 1998 e 2010, alcançou 71,6%. Igual ou acima desta média, encontram-se o Rio Grande do Norte [94,6%], o Piauí [87,1%], o Ceará [85,1%], Pernambuco [73,2%], o Maranhão [72,1%] e a Bahia [71,3%]. Apenas Sergipe

[65,7%], Alagoas [48,4%] e Paraíba [46,4%] cresceram abaixo daquela média.

Tabela 6. Índice de crescimento acumulado do número de estabelecimentos industriais no Nordeste, 1998-2010 [1998=100]

UN	1998	1999	2000	2001	2002	2003	2004	2005	2006	2007	2008	2009	2010
AL	100,0	102,2	106,1	105,3	108,6	111,5	111,9	114,2	129,4	132,1	140,9	149,0	148,4
BA	100,0	105,1	107,2	111,0	114,0	119,4	126,8	133,6	150,7	156,0	163,2	171,0	171,3
CE	100,0	105,5	112,7	115,0	123,3	129,2	132,9	137,5	148,7	157,0	168,7	176,0	185,1
MA	100,0	100,8	104,3	109,6	114,0	121,1	127,8	134,6	141,0	147,3	158,7	167,5	172,1
PB	100,0	108,4	108,0	108,9	112,5	113,6	115,9	116,7	127,0	132,0	139,5	144,5	146,4
PE	100,0	105,0	107,5	109,6	116,0	119,4	126,0	133,0	146,3	150,8	156,8	167,7	173,2
PI	100,0	101,4	105,5	112,0	122,9	125,8	130,8	141,4	154,3	164,0	160,0	175,2	187,1
RN	100,0	111,5	119,1	119,3	127,9	133,0	139,6	144,0	158,7	160,9	176,2	189,9	194,6
SE	100,0	108,9	109,9	111,1	117,3	121,7	127,2	132,6	141,2	145,9	154,9	161,5	165,7
NE	100,0	105,2	108,9	111,3	117,4	121,6	126,5	132,0	144,1	149,6	157,7	166,9	171,6

Fonte: MTE/Rais. Elaboração própria.

Quando fazemos a média das taxas de crescimento da implantação de estabelecimentos industriais, e comparamos a média verificada para o Nordeste, verifica-se que, dentre todos os estados, somente Alagoas [3,4%] e Paraíba [3,2%] apresentaram dinamismo menor que a média para toda a região [Tabela 7].

Tabela 7. Taxas médias de crescimento do número de estabelecimentos industriais no Nordeste, 1998-2010 [%]

UN	1999-2002	2003-2006	2007-2010	Médias
AL	2,1	4,6	3,5	3,4
BA	3,3	7,3	3,3	4,6
CE	5,4	4,8	5,6	5,2
MA	3,3	5,5	5,1	4,6
PB	3,0	3,1	3,6	3,2
PE	3,8	6,0	4,3	4,7
PI	5,2	6,4	4,6	5,4
RN	6,4	5,6	5,3	5,7
SE	4,1	4,7	4,1	4,3
Média NE	4,1	5,3	4,4	4,6

Fonte: MTE/Rais. Elaboração própria.

É importante ressaltar que a economia paraibana apresenta uma estrutura industrial bem mais diversificada que a de Alagoas. Esses resultados informam preliminarmente, portanto, que se trata de uma assertiva relativamente equivocada afirmar que a economia alagoana tem passado por um surto de industrialização, notadamente no período 2007-2010. Se tal fosse verdade, os dados sobre a geração de empregos seriam logo percebidos. Mas não. Apesar de o crescimento no acumulado do estoque de empregos industriais em Alagoas ter alcançado 86% entre 1998 e 2010, ele ficou muito abaixo do nível registrado para a média nordestina, que praticamente dobrou em doze anos [Tabela 8]. A indústria de alimentos, bebidas e álcool etílico, depois de se expandir principalmente entre 2006 e 2009, com taxa acumulada média de 18,7%, em 2010 regrediu para 7,6% em crescimento quando comparado a 1998.

Tabela 8. Índice de crescimento acumulado do estoque de empregos industriais no Nordeste, 1998-2010 [1998=100]

UN	1998	1999	2000	2001	2002	2003	2004	2005	2006	2007	2008	2009	2010
AL	100,0	96,7	108,6	132,1	136,3	142,2	167,6	170,2	179,6	182,8	185,0	187,7	186,6
BA	100,0	107,4	124,6	129,1	142,5	152,4	169,3	183,1	202,8	223,1	232,4	247,1	265,4
CE	100,0	107,2	118,6	114,9	127,6	134,8	145,1	148,4	160,2	170,7	176,8	194,2	205,9
MA	100,0	100,8	110,1	106,2	114,1	120,4	123,5	129,4	155,1	177,0	189,4	176,8	195,7
PB	100,0	101,8	109,3	106,5	116,2	109,1	121,1	133,0	142,3	157,8	160,1	163,0	178,8
PE	100,0	97,0	99,8	105,1	102,8	99,9	114,7	123,9	135,5	145,6	154,9	164,0	167,9
PI	100,0	103,6	108,2	109,7	117,0	116,8	122,5	128,8	135,5	140,6	143,4	153,9	162,7
RN	100,0	107,1	109,3	108,9	133,4	120,0	133,9	140,5	154,2	176,1	182,5	186,7	200,3
SE	100,0	100,8	116,9	123,1	132,5	136,6	148,6	165,0	177,4	184,2	192,1	203,8	228,1
NE	100,0	102,5	111,7	115,1	124,7	125,8	138,5	146,9	160,3	173,1	179,6	186,4	199,0

Fonte: MTE/Rais. Elaboração própria.

Observe-se que, entre os períodos de 1999/2002 e 2003/2006, as taxas médias de crescimento do estoque de empregos industriais na economia alagoana alcançaram 8,5% e 7,3%, respectivamente, muito superiores às médias registradas para a região Nordeste, 5,7% e 6,2%. Por sua vez, entre 2007-2010, enquanto todos os estados nordestinos, com a honrosa exceção do Piauí, superavam a média do Nordeste de 5,5%, o resultado na expansão do estoque de empregos industriais em Alagoas beirava a estagnação com apenas 1% de crescimento [Tabela 9].

Tabela 9. Taxas médias de crescimento do estoque de empregos industriais no Nordeste, 1998-2010 [%]

UN	1999-2002	2003-2006	2007-2010	Médias
AL	8,5	7,3	1,0	5,6
BA	9,3	9,2	7,0	8,5
CE	6,4	5,9	6,5	6,2
MA	3,3	5,5	5,1	4,6
PB	3,9	5,4	6,0	5,1
PE	0,8	7,3	5,5	4,5
PI	4,0	3,7	4,7	4,1
RN	7,8	4,1	6,8	6,2
SE	7,4	7,6	6,5	7,1
Média NE	5,7	6,2	5,5	5,8

Fonte: MTE/Rais. Elaboração própria.

Desde 2007 que o estoque de empregos na indústria e nas atividades extrativas minerais em Alagoas cresce marginalmente, saltando de 103.960, neste ano, para 105.869, em 2010. Destacam-se entre os setores em que mais cresce o emprego no período considerado, as indústrias de calçados [26,4%], mecânica [19,7%], química [19%], de material de transporte [15%], material elétrico e de comunicações [14%].

Por outro lado, em comparação com os períodos de 1999-2002 e 2003-2006, a atividade extrativa mineral apresentou taxa de crescimento médio do estoque de emprego muitíssimo aquém das registradas. A indústria têxtil, pelo contrário, vem diminuindo seu estoque de emprego de maneira substancial. Um dos principais setores da atividade econômica do estado, responsável por boa parte da indústria de transformação, diminuiu sensivelmente a capacidade de gerar novos empregos, encontrando-se numa situação de semiestagnação nesse quesito [Tabela 10].

No geral, do ponto de vista dos resultados na geração de empregos, notadamente no período 2007-2010, evidente que alguns elementos agravantes contribuíram para que a economia alagoana não conseguisse acompanhar o ritmo de crescimento dos investimentos industriais na região; tampouco a sua política de incentivos industriais conseguiu auferir resultados satisfatórios do ponto de vista de quebrar com a rigidez da demanda por mão de obra.

Tabela 10. Taxas médias de crescimento do estoque de empregos industriais por atividade em Alagoas, 1998-2010 [%]

Subsetores econômicos	1999-2002	2003-2006	2007-2010
Extrativa mineral	15,8	14,2	1,9
Indústria de minerais não metálicos	1,7	5,8	6,0
Indústria metalúrgica	1,5	17,6	3,6
Indústria mecânica	12,3	21,4	19,7
Indústria do material elétrico e de comunicações	-9,2	70,7	13,7
Indústria do material de transporte	-3,1	-4,6	14,8
Indústria da madeira e mobiliário	2,8	1,4	4,1
Indústria do papel, editorial e gráfica	-2,3	1,2	4,7
Indústria da borracha, fumo e couros	-10,5	-16,7	1,2
Indústria química	7,0	40,0	18,8
Indústria têxtil	-1,3	-1,1	-6,2
Indústria de calçados	5,6	-4,9	26,4
Indústria de alimentos, bebidas e álcool etílico	10,1	6,9	0,7

Fonte: Com base nos dados do MTE/Rais. Elaboração própria.

2.2. Comércio, serviços e construção civil

A realidade do desempenho dos setores de comércio, serviços e construção civil demonstra situação diferente para a economia alagoana. De acordo com os últimos dados sobre a distribuição do PIB do estado, cerca de 70% são compostos pelas atividades de comércio e serviços; 22%, indústria; e 8%, agricultura.

Nos últimos anos, as principais atividades vinculadas ao comércio [varejo e atacado] se beneficiaram sobremaneira das condições de crescimento econômico do País, e, como já se assinalou, no Nordeste em especial, os programas de transferência de renda, como o Programa Bolsa Família, impulsionou as economias locais. Um dos sintomas mais claros desse movimento é que a região passou a ser palco central de atração de novos investimentos de grandes redes de varejo que distribuíram suas lojas em vários lugares, de novas áreas nas capitais aos municípios pelo interior.

Por sua vez, o Programa Minha Casa Minha Vida não somente fez aumentar o número de novas empresas construtoras e impulsionar a geração de empregos formais, mas também teve impacto extraordinário nas atividades de intermediação financeira, comércio e administração de imóveis e valores imobiliários.

Na Tabela 11, configura-se o crescimento acumulado do número de estabelecimentos comerciais, de serviços e a construção civil nos estados nordestinos. Observa-se que essas atividades na região acumularam um crescimento superior ao verificado para a indústria [Tabela 7]. A economia alagoana apresentou um desempenho, desta vez, que superou a média da região, com crescimento de 113,7% nos últimos doze anos.

Tabela 11. Índice de crescimento acumulado do estoque de estabelecimentos nos setores de comércio, serviços e construção civil no Nordeste, 1998-2010 [1998=100]

UN	1998	1999	2000	2001	2002	2003	2004	2005	2006	2007	2008	2009	2010
AL	100,0	105,8	112,3	115,7	124,7	133,2	141,6	150,2	160,5	169,5	180,3	194,6	213,7
BA	100,0	109,5	118,3	125,9	133,7	140,2	146,6	153,9	161,7	169,5	178,5	189,7	204,0
CE	100,0	108,8	119,1	125,6	137,5	143,6	149,5	154,6	163,7	171,5	183,5	196,2	213,6
MA	100,0	105,3	115,6	125,0	135,7	144,7	154,2	162,2	173,8	184,8	197,9	213,4	236,9
PB	100,0	109,6	116,1	123,6	131,8	136,0	140,1	145,5	151,6	158,8	169,4	181,5	198,2
PE	100,0	105,7	105,6	118,8	125,8	130,1	135,8	142,1	150,1	156,0	163,8	174,0	189,2
PI	100,0	105,1	111,8	118,1	126,2	132,1	139,1	146,8	159,0	167,2	181,2	196,4	217,5
RN	100,0	109,6	119,5	127,3	138,3	148,7	159,9	172,1	182,2	192,4	205,0	217,6	236,9
SE	100,0	108,8	115,5	118,5	127,1	132,2	138,2	143,5	150,1	156,6	163,9	172,4	186,0
NE	100,0	107,6	114,9	122,0	131,2	137,9	145,0	152,3	161,4	169,6	180,4	192,9	210,7

Fonte: MTE/Rais. Elaboração própria.

Entretanto, é preciso observar que esse resultado foi muito parecido com todos os estados nordestinos, o que permite concluir que tal movimento em Alagoas acompanhou a dinâmica de crescimento da economia nacional, em função das políticas econômicas favoráveis e a expansão dos programas que dinamizaram o crédito, a assistência social e o investimento, sobretudo em infraestrutura e logística.

O resultado disso é que, dos 14 milhões de empregos com carteira assinada gerados no Brasil entre 2002-2010,

2,5 milhões foram gerados no Nordeste. A renda gerada por esse processo foi cair diretamente no circuito do consumo, como ficou bem visto no Quadro 1. Na economia alagoana, o impacto foi importante para os setores do comércio. O crescimento acumulado das vendas no comércio ampliado em Alagoas foi da ordem de mais de duas vezes e meia, ficando muito acima da média verificada para a região como um todo.

Em síntese, o crescimento do número de estabelecimentos vinculados ao comércio, serviços e construção civil em Alagoas deve-se muito mais a um movimento generalizado pelo Brasil, especialmente no Nordeste [Tabela 12], do que propriamente a um impulso interno da economia alagoana. Isso somente poderia ocorrer se os resultados pelo lado da indústria fossem também favoráveis no estado. Entretanto, tal não se constata quando observada a dinâmica desse setor.

Gráfico 5. Índice de crescimento acumulado do comércio ampliado no Nordeste, 2003-2010 [2003=100]

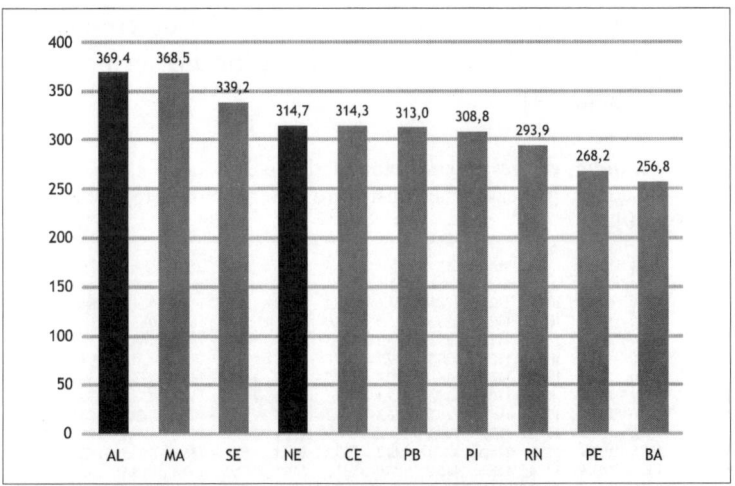

Estado	Índice
AL	369,4
MA	368,5
SE	339,2
NE	314,7
CE	314,3
PB	313,0
PI	308,8
RN	293,9
PE	268,2
BA	256,8

Fonte: IBGE-PMC. Elaboração própria.

Tabela 12. Taxas médias de crescimento do estoque de estabelecimentos nos setores de comércio, serviços e construção civil no Nordeste, 1998-2010 [%]

Área geográfica	1999-2002	2003-2006	2007-2010	Médias
AL	5,7	6,5	7,4	6,5
BA	7,5	4,9	6,0	6,1
CE	8,3	4,5	6,9	6,5
MA	7,9	6,4	8,1	7,5
PB	7,2	3,6	6,9	5,9
PE	6,0	4,5	6,0	5,5
PI	6,0	6,0	8,2	6,7
RN	8,5	7,1	6,8	7,4
SE	6,2	4,2	5,5	5,3
Média NE	7,0	5,3	6,9	6,4

Fonte: MTE/Rais. Elaboração própria.

Do ponto de vista da geração de empregos, o comportamento do crescimento acumulado foi muito próximo entre os estados nordestinos no período analisado, com destaque para os estados do Maranhão, do Rio Grande do Norte e do Ceará, que obtiveram resultados superiores à média nordestina [Tabela 13].

Observa-se, em toda a região, que as taxas médias anuais de crescimento se elevam a partir do período 2003-2006, com surpreendentes resultados para o Maranhão, o que coaduna com o excepcional desempenho do crescimento do PIB *per capita* deste estado, verificado na primeira parte [Tabela 14].

Tabela 13. Índice de crescimento acumulado do estoque de empregos nos setores de comércio, serviços e construção civil no Nordeste, 1998/2010 [1998=100]

UN	1998	1999	2000	2001	2002	2003	2004	2005	2006	2007	2008	2009	2010
AL	100,0	101,3	106,9	112,4	122,0	121,6	135,4	145,8	157,3	164,6	171,7	184,9	199,3
BA	100,0	104,0	109,6	112,0	120,8	126,9	133,0	146,2	153,8	163,2	163,7	183,8	196,7
CE	100,0	102,5	104,3	111,0	121,0	125,1	129,3	139,8	105,2	161,0	168,8	189,8	204,8
MA	100,0	99,7	103,8	112,9	120,8	127,1	134,8	145,8	157,6	172,8	194,9	204,7	232,8
PB	100,0	102,6	103,9	112,3	116,0	120,4	121,5	129,0	138,5	146,4	155,5	169,7	181,0
PE	100,0	106,3	109,4	110,6	117,6	119,1	125,6	135,3	143,5	153,9	153,6	176,3	195,2
PI	100,0	102,4	104,2	109,3	120,8	126,3	134,5	143,3	150,2	152,7	168,9	180,2	194,2
RN	100,0	103,3	109,2	117,4	105,1	135,6	146,9	159,1	167,2	174,2	175,4	191,3	204,8
SE	100,0	108,8	115,5	118,5	127,1	132,2	138,2	143,5	150,1	156,6	163,9	172,4	186,0
NE	100,0	103,4	107,4	113,0	119,0	126,0	133,3	143,1	152,0	160,6	168,5	183,7	199,4

Fonte: MTE/Rais. Elaboração própria.

Tabela 14. Taxas médias de crescimento do estoque de empregos nos setores de comércio, serviços e construção civil no Nordeste, 1998/2010 [%]

UN	1999-2002	2003-2006	2007-2010	Médias
AL	5,1	6,6	6,1	6,2
BA	4,9	6,2	6,3	5,8
CE	4,9	5,6	8,1	6,2
MA	4,9	6,9	10,3	7,3
PB	3,8	4,5	6,9	5,0
PE	4,2	5,1	8,0	5,7
PI	4,9	5,6	6,7	5,7
RN	1,5	12,7	5,2	6,4
SE	5,5	5,9	4,8	5,4
Média NE	4,4	6,6	6,9	5,9

Fonte: MTE/Rais. Elaboração própria.

Apesar do momento mais recente ser muito bom para a economia alagoana em crescimento do emprego nesses setores, é possível também verificar que os melhores resultados de crescimento anual foram alcançados no período 2003-2006 [Tabela 14].

A análise do desempenho do crescimento do estoque de emprego por setor de atividade no comércio, serviços e construção civil revela realmente como tem sido a contribuição de cada um deles na dinâmica econômica de Alagoas. Como se pode observar na Tabela 15, para o período 1999-2002, o crescimento médio anual do estoque de empregos no estado teve distribuição um pouco desigual com destaque para os setores da construção civil, comércio varejista, administração pública, serviços relacionados principalmente ao *trade* turístico, comércio atacadista, os serviços industriais e de utilidade pública.

Entre 2003 e 2006, observa-se que todos os setores alcançaram expressivas taxas médias de crescimento, com destaque para a evolução do estoque de empregos no setor de instituições de crédito, seguros e capitalização, demonstrando que a ampliação dessa atividade na economia alagoana foi, certamente, uma resposta ao bom momento verificado neste período, já que tanto as atividades industriais e o comércio e serviços cresceram também, demandando, portanto, mais serviços de intermediação financeira e crédito.

Por sua vez, entre 2007 e 2010, observa-se claramente a extraordinária evolução do estoque de emprego na construção civil, em razão dos motivos que já foram expostos no início. Em razão disso, o estoque de empregos cresceu também nos setores de comércio e administração imobiliária. Como também já era de se esperar, as atividades comerciais de varejo e atacadistas continuaram fortes na geração de empregos, acompanhando a tendência regional.

O destaque negativo foi a redução considerável do crescimento do estoque de empregos na administração pública. A expansão média entre 2007 e 2010 foi de apenas 2%, contra os 6,2%, em média, dos dois períodos anteriores. Aqui, vale ressaltar que as hipóteses por trás desse resultado podem estar relacionadas a:

i] política deliberada de não contratação de novos servidores públicos na esfera estadual em substituição aos aposentados e desligados em razão das demissões voluntárias e/ou afastados por motivos de doenças;

ii] impossibilidade de contratação, principalmente dos entes municipais, em razão dos limites impostos pela Lei de Responsabilidade Fiscal; e

iii] enxugamento da máquina estatal como parte da política neoliberal, característica do modelo governamental adotado pela gestão responsável pelo Estado durante o período considerado.

Em síntese, em relação ao comportamento geral das atividades de comércio, serviços e construção civil, a economia alagoana não difere do resultado alcançado pelas demais economias do Nordeste. Isso implica concluir que, nesses setores, Alagoas tem-se aproveitado das externalidades positivas provocadas pela expansão do pacote de programas federais [sociais e de investimentos], que têm dinamizado a região e impulsionado a geração de empregos, renda e, por consequência, elevado o padrão de consumo das classes B, C e D. Por um lado, isto é muito positivo para a economia alagoana, principalmente em razão do impacto que os programas federais de assistência social provocam num sistema econômico marcado pela forte desigualdade de renda e riqueza, com elevados níveis de pobreza e miséria, como está apontado em outro capítulo neste trabalho.

Tabela 15. Taxas médias de crescimento do estoque de empregos nos setores de comércio, serviços e construção civil em Alagoas, 1998/2010 [%]

Subsetores econômicos	1999-2002	2003-2006	2007-2010
Serviços industriais de utilidade pública	4,7	5,1	4,7
Construção civil	7,6	6,4	27,8
Comércio varejista	6,8	9,0	8,8
Comércio atacadista	4,9	9,6	8,0
Instituições de crédito, seguros e capitalização	-0,7	10,6	3,2
Comércio e administração de imóveis, valores imobiliários e serviços técnicos	4,0	6,1	12,1
Transportes e comunicações	0,1	6,2	5,6
Serviços de alojamento, alimentação, reparação, manutenção e outros	5,6	7,6	6,2
Serviços médicos, odontológicos e veterinários	2,0	4,3	6,2
Educação	-2,8	5,2	12,6
Administração pública e autarquia	6,6	6,4	1,9

Fonte: MTE/Rais. Elaboração própria.

Por outro lado, isso é motivo de preocupações porque esses resultados demonstram a forte dependência da economia alagoana das políticas traçadas e executadas fora da esfera de competência estadual, enquanto nesta esfera parece que os resultados dos planos de desenvolvimento têm alcançado efeitos muito parcos de mudanças significativas, como se pôde perceber em relação à expansão do estoque de empregos na atividade industrial para o período 2007-2010, em relação ao desempenho verificado para outros estados nordestinos. Como se observará na próxima seção em relação aos dados da agricultura, esses argumentos ganham ainda mais relevância.

2.3. Agricultura

Entre os dois últimos censos agropecuários produzidos pelo Instituto Brasileiro de Estatística e Geografia [IBGE]

— 1996/2006 — os resultados obtidos informaram que ocorreu um salto extraordinário da produção e uma redução em magnitudes consideráveis das ocupações agrícolas.

Evidentemente que não bastam estudos tão aprofundados para justificar que o aumento da produção esteve associado a pelo menos três motivos centrais:

i] forte empuxo da demanda externa pelos produtos brasileiros oriundos do campo;

ii] aumento do consumo alimentar no mercado doméstico [70% a 75% da produção destinaram-se a esse mercado], em razão do sucesso das políticas que permitiram a redução da pobreza, o aumento do emprego formal e, consequentemente, a elevação da renda média brasileira; e,

iii] diversificação de políticas de incentivos agrícola, tributário e social, que ajudaram a impulsionar a dinâmica econômica rural, onde se destacam, dentre outros: a iniciativa de criação das leis Kandir [1996] e de Armazenagem [2000]; Moderfrota [1999]; criação do Prêmio de Escoamento do Produto [PEP], Cédula do Produto Rural [1994]; os programas de Securitização da Dívida [1995] e Especial de Saneamento de Ativos [Pesa-1999]; a criação do Pronaf [1995];[3] o Proger Rural [1995] e o Garantia Safra [2002]; o Proagro Mais [2004]; Programa Nacional do Biodiesel [2004]; Territórios Rurais [2004] e o Programa Bolsa Família [2004]; expansão do crédito rural;[4] a política de assentamento rural com o II Plano Nacional de Reforma Agrária [2003]; e a ampliação da previdência aos trabalhadores do campo.

---

3 De acordo com o Ministério do Desenvolvimento Agrário, o montante desembolsado com o Pronaf em 2002/2003 foi de R$ 2,3 bilhões, e em 2009/2010 alcançou R$ 11,9 bilhões. O Nordeste captou apenas 12,8% desse montante em 2009/2010, ficando somente atrás do Sul [48,8%] e do Sudeste [24,3%]. O número de contratos assinados se elevou de 904.214 para 1.611.538, respectivamente.

4 Segundo o Anuário Estatístico do Crédito Rural, do Banco Central do Brasil, o volume destinado ao crédito rural no Brasil salta de pouco mais de R$ 20,4 bilhões, em 1996, para R$ 82,1 bilhões, em 2010.

No Nordeste, apesar de ter crescido o número de estabelecimentos agropecuários de 2.326.313, em 1996, para 2.469.070, em 2006, isso não foi acompanhado de uma elevação do pessoal ocupado. Pelo contrário, as ocupações agrícolas na região se reduziram em 6,38%, saindo de 8.210.809 para 7.698.631, respectivamente. As ocupações agrícolas com vínculos familiares com o produtor se reduziram em 6,21%, e a sem vínculo familiar, 7,11%.

Esses resultados para o Nordeste foram os mais modestos, refletindo o baixo nível do aumento da produtividade no campo em razão do emprego de novas tecnologias, insumos e mecanização da produção, em comparação com as demais regiões do País.

Entre os estados nordestinos somente Alagoas, Paraíba e Piauí apresentaram variação positiva da ocupação agrícola. Em Alagoas, o número de estabelecimentos também aumentou de 115.064 para 123.331, entre 1996 e 2006. Porém, essa elevação se deve, principalmente, ao crescimento extraordinário do número de produtores sem informação ou área indefinida [Tabela 16]. Ademais, desigual distribuição das terras em Alagoas contribui sumamente para os indicadores negativos de desigualdade de renda.

Observa-se que a desigualdade é muito mais acentuada em Alagoas e não é por mera coincidência, basta verificar que o Índice de Gini é o mais alto do Nordeste, 0,871. Se juntarmos os 5.540 produtores sem informação ou área indefinida com aproximadamente 96 mil estabelecimentos que ocupam menos que dez hectares, teremos um retrato cruel dessa realidade, ou seja, esse contingente de produtores ocupa uma parte pouco maior que 10% do total dos 2.108.361 de área total destinada aos estabelecimentos agrícolas do estado. Os estabelecimentos com mais de 1.000 ha ocupam, aproximadamente, 27% daquela área. Portanto, dentre os estados nordestinos, o maior percentual de pequenas propriedades é o de Alagoas e, levando em conta a menor área ocupada [com exceção de Sergipe], a concentração fundiária se apresenta como uma das mais acentuadas.

Na base dessas propriedades de menos que 10 ha reside a maior parcela da população empregada na zona rural alagoana, o nível de informalidade é extremamente elevado e a produção, apesar de ser extremamente importante como base alimentar do estado de Alagoas, carece de assistência técnica e financiamento adequado. De qualquer maneira, essas atividades mantêm estruturas econômicas com as características clássicas de uma economia de subsistência, ou seja, com baixos níveis de produtividade, capacidade limitada de emprego de mão de obra e graus de escolaridade ínfimos.

De acordo com os dados consolidados da Relação Anual de Informações Sociais [Rais], do Ministério do Trabalho e Emprego [MTE], apesar do elevado número de trabalhadores em situação de emprego informal na zona rural, o estoque de empregos formais tem crescido desde 1998 para todos os estados nordestinos, mesmo levando em conta que este contingente de "privilegiados" trabalhadores é uma parcela percentual pequena.

Entretanto, chama a atenção a evolução dessa situação em Alagoas. Em 1998, o estoque de empregos agrícolas no estado contava com 18.255 trabalhadores. Em 2010, esse contingente foi reduzido a 9.800, ou seja, uma diminuição de mais de 50% da mão de obra com carteira assinada [Gráfico 5]. Esse fenômeno, segundo os dados, somente aconteceu, no Nordeste, com Alagoas, e no gráfico abaixo se tem uma pequena demonstração em comparação com os dois estados muito compatíveis em indicadores sociais e econômicos. Deduz-se que esses 50% de trabalhadores ou contribuíram para robustecer a informalidade no campo ou se dirigiram aos centros urbanos engrossando as fileiras dos desempregados, favelados e moradores de rua.

Ademais, deve-se salientar que o Ministério do Trabalho contabiliza como trabalhador rural quem mora efetivamente na zona rural. Os trabalhadores do corte da cana, como moram basicamente em povoados e bairros periféricos de setores urbanos, não são contabilizados como trabalhadores rurais, mas contratados pela indústria de transformação. Esse aspecto é ainda mais relevante para observar a queda acentuada do estoque de empregos formais nas zonas rurais, pois se poderia imaginar que isso era em razão das demissões no setor sucroalcooleiro no estado.

Tabela 16. Indicadores da estrutura agrária do Nordeste, 2006

Descrição	PB	%	BA	%	CE	%	MA	%	PB	%
Total de estabelecimentos	123.331	100	761.528	100	381.014	100	287.037	100	167.272	100
Menos de 10 ha	95.791	77,7	436.390	57,3	257.459	67,6	136.014	47,4	110.928	66,3
10-100 ha	18.773	15,2	264.546	34,7	68.510	18,0	68.034	23,7	41.872	25,0
100-1.000 ha	3.030	2,5	37.814	5,0	14.828	3,9	22.300	7,8	6.903	4,1
Mais de 1.000 ha	197	0,2	3.414	0,4	682	0,2	1.706	0,6	329	0,2
Sem informação ou sem área	5.540	4,5	19.364	2,5	39.535	10,4	58.983	20,5	7.240	4,3
Área dos estabelecimentos	2.108.361		29.180.559		7.922.214		12.991.448		3.782.878	
Variação no número de estabelecimentos de 1995/1996 a 2006	10%		11%		17%		−8%		17%	
Pessoal ocupado	451.742		2.325.984		1.145.985		991.593		490.287	
Variação do pessoal ocupado 1996/2006	4,5		−7,2%		−2,11		−25%		2.14	
Índice de Gini	0,871		0,840		0,861		0,864		0,822	

Descrição	PE	%	PI	%	RN	%	SE	%	NE	%
Total de estabelecimentos	304.788	100	245.378	100	83.052	100	100.606	100	2.454.006	100
Menos de 10 ha	208.110	68,3	134.272	54,7	43.666	52,6	75.759	75,3	1.498.389	61,1
10-100 ha	68.305	22,4	71.270	29,0	29.490	35,5	20.055	19,9	650.855	26,5
100-1.000 ha	8.312	2,7	14.723	6,0	5.113	6,2	2.464	2,4	115.487	4,7
Mais de 1.000 ha	316	0,1	1.035	0,4	404	0,5	82	0,1	8.165	0,3
Sem informação ou sem área	19.745	6,5	24.078	9,8	4.379	5,3	2.246	2,2	181.110	7,4
Área dos estabelecimentos	5.434.070		9.506.597		3.187.902		1.480.414		75.594.443	
Variação no número de estabelecimentos de 1995/1996 a 2006	22%		21%		−7%		4%		7,7	
Pessoal ocupado	944.907		831.827		247.507		268.799		7.698.631	
Variação do pessoal ocupado 1996/2006	−3,18%		24,8%		−25%		−14%		−5%	
Índice de Gini	0,825		0,855		0,824		0,821		0,842	

Fonte: IBGE, Censo agropecuário 2006. Elaboração própria.

Gráfico 6. Evolução do índice de crescimento acumulado do estoque de empregos formais no setor agrícola nos estados de Alagoas, Piauí e Maranhão [1998=100]

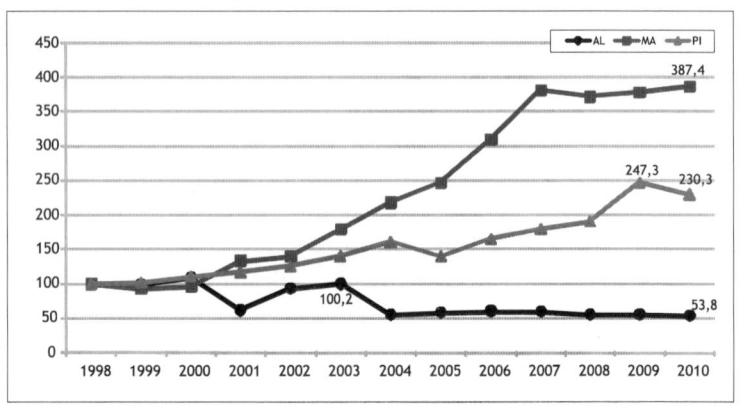

Fonte: MTE/Rais. Elaboração própria.

Outro aspecto importante que demonstra que a política agrícola e agrária no nosso estado deve ser revista e precisa atender a novas prioridades é quando se observa a evolução do crédito fundiário, considerando que o número de desocupados na zona rural do estado é muito elevado.

De acordo com a Ouvidoria Agrária Nacional do Ministério do Desenvolvimento Agrário, para o ano de 2010, o estado de Alagoas se apresentou em quinto lugar em número absoluto de ocupações rurais e número de famílias envolvidas nelas em todo o Brasil, somando vinte ocupações com 892 famílias relacionadas. Por outro lado, o número de famílias atendidas e a área adquirida, ambas pelo uso do crédito fundiário, diminuiu sensivelmente desde 2005.

Isso é um importante indicador de que a política agrária estagnou no estado e a perspectiva de assentamentos e, possivelmente, da produção de alimentos no âmbito da agricultura familiar tem deixado de crescer por falta, justamente, de aproveitamento melhor das possibilidades postas para o setor pelo Governo Federal.

Tabela 17. Evolução do número de famílias atendidas e da área ocupada com crédito fundiário

Ano	Famílias [mil]	Área [ha]
2005	190	2.080
2006	358	3.239
2007	514	12.998
2008	204	1.954
2009	78	542
2010	67	799

Fonte: MDA/Dieese. Estatística do Meio Rural 2010/2011. Elaboração própria.

3. Conclusões

No tocante a resultados gerais, esse diagnóstico inicial revelou que a economia alagoana durante toda a década de 2000 vem perdendo dinamismo econômico e tal fato se intensifica a partir de 2007, quando o crescimento industrial é inexistente. Ademais, nesses últimos anos, a economia do estado tem sido puxada graças ao desempenho da economia nacional com fortes reflexos na economia nordestina.

Enquanto outros estados da região têm-se beneficiado mais intensamente de um movimento de desconcentração industrial, como são os casos de Pernambuco, Ceará e Bahia, em grande medida, e Sergipe, Paraíba e Rio Grande do Norte, em menor medida, o Maranhão e o Piauí têm expandido as suas atividades agrícolas e extrativas, o que resulta num dinamismo surpreendente de crescimento acumulado entre 2002 e 2009.

Por sua vez, a economia alagoana mostra-se dinâmica nas atividades de comércio e serviços. Além disso, a forte presença das políticas sociais, as transferências intergovernamentais, a ampliação do crédito e os programas de investimentos que puxam a construção civil compõem os fatores responsáveis por uma movimentação importante da economia local. Esses aspectos compõem a grande novidade em Alagoas; os cenários econômicos brasileiro e nordestino nunca foram tão auspiciosos para a economia alagoana.

Todavia, a deterioração das finanças públicas estaduais e a falta de uma estratégia mais ousada e concatenada em âmbito intragovernamental [gestão estadual] e intergovernamental [alinhamento de propostas locais com as nacionais] não permitem saída mais rápida para retomar o crescimento econômico de Alagoas, o seu desenvolvimento e a solução de seus principais problemas estruturais no âmbito social.

Bibliografia

ALAGOAS. *Alagoas tem pressa*. Maceió: Secretaria de Estado do Trabalho, Emprego e Qualificação Profissional, 2011.
APOLINÁRIO, V. & SILVA, M. L. da. *Impactos dos grandes projetos federais sobre os estados do Nordeste*. Natal: EDUFRN, 2011.
BACELAR, Tânia. *Nordeste: evolução econômica recente e as cidades médias*. II Seminário da Rede Brasileira de Estudos sobre Cidades Médias. Universidade Federal de Alagoas, Maceió, 5-10-2011 [Apresentação].
BRASIL. *Anuário do sistema público de emprego, trabalho e renda, 2010-2011*. Brasília, DF: Ministério do Trabalho e Emprego, 2011. Disponível em <www.mte.gov.br>; acessado em 3-11-2011.
—. *Evolução do saldo de emprego – 2005 a 2010*. Brasília, DF: MTE/Caged, 2011.
—. *Programa de aceleração do crescimento I e II. Relatórios estaduais*. Brasília, DF: Presidência da República. Disponível em <http://www.brasil.gov.br/pac/relatorios/estaduais>; acessado em 30-9-2011.
—. *Relatórios de dados de microcrédito*. Programa Nacional de Microcrédito Produtivo Orientado. Brasília, DF: Ministério do Trabalho e Emprego, 2011. Disponível em <www.mte.gov.br/microcrédito>.
CARVALHO, C. P. de O. *Análise da reestruturação produtiva da agroindústria sucroalcooleira alagoana*. Maceió: Edufal, 2000.
—. *Economia popular: uma via de modernização para Alagoas*. 4.ª edição. Maceió: Edufal, 2010.
DIEESE. *Anuário do sistema público de emprego, trabalho e renda – 2010*. São Paulo: Dieese, 2011. Disponível em <www.dieese.org.br>.

—. *Estatísticas do meio rural 2010-2011*. 4.ª edição. São Paulo: Dieese; Nead; MDA, 2011.

FURTADO, C. *Desenvolvimento e subdesenvolvimento*. Rio de Janeiro: Contraponto-Centro Internacional Celso Furtado, 2009.

—. *Teoria e política do desenvolvimento econômico*. 10.ª edição. São Paulo: Paz e Terra, 2000.

HIRSCHMAN, Albert O. *The strategy of economic development*. New Haven, USA: Yale University Press, 1958.

IBGE. *Pesquisa industrial – empresas 2009*. Brasília, DF: IBGE, 2009.

—. *Pesquisa nacional de serviços*. Brasília, DF: IBGE, vol. 11, 2009.

—. *Pnad – Indicadores socioeconômicos 2009*. Brasília, DF: IBGE, 2010.

—. *Pnad 2007-2009*. Brasília, DF: IBGE, Diretoria de Pesquisas, Coordenação de Trabalho e Rendimento, 2010.

IPEA. *Dimensão, evolução e projeção da pobreza por região e por estado no Brasil*. Cadernos Ipea, n.º 58. Rio de Janeiro, 2010.

—. *Políticas públicas de emprego, trabalho e renda no Brasil*. Brasília, DF: Ipea. Disponível em <www.ipea.gov.br/bd/pdf/2006/cap7_politicas.pdf>.

LIMA, A. A. *A crise que vem do verde da cana – uma interpretação da crise financeira do estado de Alagoas no período 1988-1996*. Maceió: Edufal, 1998.

LIMA, Michelle C. *Organização, institucionalidade e recursos: uma aplicação nos arranjos produtivos locais agropecuários no estado de Alagoas entre 2004/2009*. Mestrado em Economia. Maceió: Ufal, 2011.

LUSTOSA, Maria Cecília J. & ROSÁRIO, Francisco José P. *Desenvolvimento local em regiões periféricas: a política dos arranjos produtivos em Alagoas*. Maceió. Edufal, 2011.

MARQUES, Maikel. *Produção de aves em AL é insuficiente*. Maceió: Gazeta de Alagoas, Caderno de Economia, A13-A15, domingo, 18-9-2011.

SILVA, A. M. A. da. *É Alagoas um problema regional dentro da região-problema?* Brasília, DF: Ipea, 2011 [mimeo].

SILVA, L. C. A expansão do mercado de trabalho informal em Alagoas. *Revista de Economia Política do Desenvolvimento*. Maceió: Feac/Ufal/Edufal/Cepal, vol. 1, n.º 3, 2008.

2
APARÊNCIAS E EVIDÊNCIAS DO CRESCIMENTO DO PIB ALAGOANO*

As Contas Regionais 2011 foram divulgadas pelo Instituto Brasileiro de Geografia e Estatística [IBGE], e com elas os gestores públicos, os acadêmicos, os centros de pesquisa e a imprensa podem fazer análises, avaliações e construir cenários e tendências econômicas para os próximos anos.

A economia brasileira em 2011 cresceu 2,7%, um resultado muito razoável, considerando que em 2010 foi excepcional, quando o Produto Interno Bruto [PIB] avançou 7,5%, sucesso atribuído às políticas econômicas anticíclicas adotadas pelo Governo Federal para conter os efeitos da crise econômica internacional.

Por sua vez, os dados das Contas Regionais revelaram que o PIB alagoano cresceu, em termos reais, 6,7%, ou seja, quatro pontos percentuais de diferença em relação ao Brasil. Em termos absolutos, o PIB cresceu de R$ 24,5 bilhões, em 2010, para R$ 28,5 bilhões, em 2011. Esse resultado foi bastante comemorado no estado, sobretudo pelos atuais

* Publicado no *site* Cadaminuto em 21 de dezembro de 2013.

gestores e responsáveis pela política de desenvolvimento. O argumento oficial mais forte diz respeito ao suposto sucesso da política de atração de novas indústrias, fruto das estratégias institucionais e subsídios fiscais oferecidos pelo tesouro estadual.

De certo, os dados do IBGE demonstram que o setor industrial alagoano aumentou sua participação no Valor Adicionado Bruto [VAB] do PIB de 21,2% para 25,2% entre 2010 e 2011. A indústria de transformação avançou de 9,3% para 13,5%, um resultado excelente. Ainda dentro da indústria em geral, também cresceram a participação no VAB, no mesmo período, a indústria extrativa [0,9% para 1,2%] e a construção civil [6,6% para 6,9%].

A economia alagoana continua concentrada em serviços e comércio com esses setores representando 68,7% do total [em 2010, alcançou seu maior percentual desde 1995, 72,1%], ao passo que a agropecuária continua numa trajetória declinante no que se refere a contribuição à formação de riqueza no nosso estado, representando apenas 6,1% na agregação de riqueza à economia.

Então, a que se deve mesmo o crescimento de 6,7% da economia alagoana? Quais foram os setores que mais contribuíram e suas razões? Como afirmado no início, o argumento mais forte é que o estado voltou a se industrializar, fruto da estratégia governamental mais recente de atração de novos empreendimentos do ramo.

Segundo a própria Secretaria de Estado do Planejamento e do Desenvolvimento Econômico [Seplande], dentro da indústria, o crescimento real da construção civil em Alagoas foi de 29%, principalmente em razão *i*] dos projetos e programas habitacionais desenvolvidos pelo Governo Federal, *ii*] do programa de reconstrução das casas das vítimas das enchentes e *iii*] do aumento do crédito imobiliário. Com exceção do programa de reconstrução das casas das vítimas das enchentes, todos os demais fatores também contribuíram para o *boom* da construção civil e do comércio ampliado [que inclui as lojas que comercializam produtos para construção] em todo o Nordeste brasileiro.

No setor de serviços, o crescimento real foi de 4%, reconhecido pela própria Seplande como um resultado que acompanha e também é determinado pelas conjunturas nacional e regional.

A grande novidade, porém, é justamente na expansão do setor industrial, mais precisamente da indústria de transformação. Conforme a Seplande, o crescimento real desse setor, entre 2010 e 2011, foi de 5,6% e se deve à eficiência da política de desenvolvimento do governo Teotonio Vilela Filho.

No entanto, é preciso algumas ressalvas nesse ponto para não ser apanhado pelas aparências dos grandes números. As evidências apontam que a expansão da indústria de transformação tem correlação mais forte com a dinâmica econômica do setor sucroalcooleiro em 2011, do que propriamente aos resultados de uma expansão industrial com a instalação de novos empreendimentos.

Para fundamentar essa afirmação, vejamos alguns importantes dados. Entre 2003 e 2011, o mercado internacional para as *commodities* industriais, minerais e agrícolas foi especial. No caso do mercado de açúcar, os preços médios do produto brasileiro se expandiram e alcançaram o pico de US$ 31,00 por saca de 50 kg, ao final daquele período. Entre 2009 e 2011, o crescimento médio dos preços foi de 50%.

A escalada de preços fomentou o setor sucroalcooleiro alagoano e a produção saiu de 23,7 milhões, em 2005, para 29,2 milhões de toneladas, em 2011. Um incremento absoluto de 23%, mesmo resultado alcançado pelo Nordeste. Note-se que, somente entre 2010 e 2011, o crescimento da produção de cana-de-açúcar em Alagoas alcançou 20%.

O açúcar representa mais de 95% das exportações de Alagoas. O resultado desse extraordinário momento do mercado internacional foi alavancar as exportações do estado. Em 2011, portanto, o total das vendas ao exterior alcançou o ponto mais alto, mais de US$ 1,3 bilhão, o melhor já alcançado em quinze anos. As exportações alagoanas avançaram 41,2% em 2011 com relação ao ano anterior, o maior crescimento também já registrado desde 1999. O saldo das exportações nesse ano também foi o maior em quinze anos, US$ 920 milhões.

Gráfico 1. Evolução dos preços médios do açúcar brasileiro no mercado internacional [US$ saca de 100 kg]

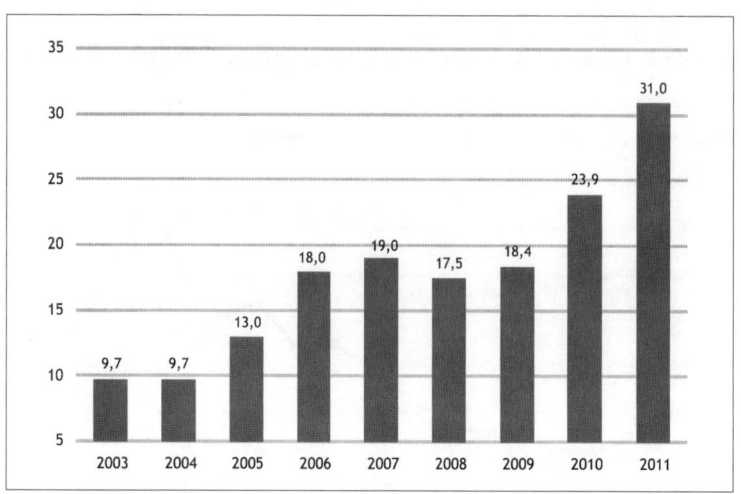

Ano	Preço
2003	9,7
2004	9,7
2005	13,0
2006	18,0
2007	19,0
2008	17,5
2009	18,4
2010	23,9
2011	31,0

Fonte: Faostat.

Gráfico 2. Evolução da produção de cana-de-açúcar em Alagoas [milhões de toneladas]

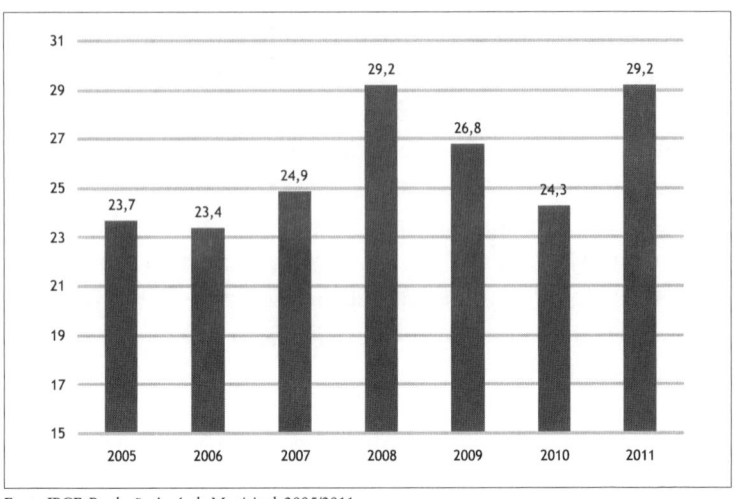

Ano	Produção
2005	23,7
2006	23,4
2007	24,9
2008	29,2
2009	26,8
2010	24,3
2011	29,2

Fonte: IBGE, Produção Agrícola Municipal, 2005/2011.

Gráfico 3. Evolução do comércio exterior alagoano, 1998/2012 [US$ milhões]

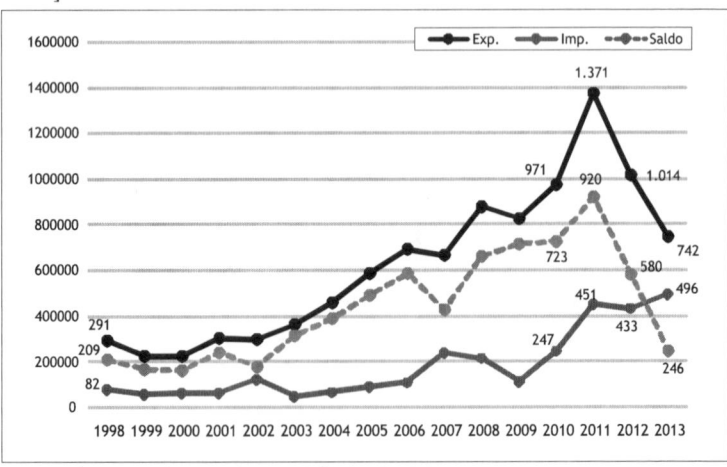

Ano	Exp.	Imp.	Saldo
1998	291		209
			82
2006		723	
2010	971	920	451
2011	1.371		433
2012	1.014	580	
2013	742	246	496

Fonte: Brasil, Ministério do Desenvolvimento, Indústria e Comércio.

Não existem, portanto, evidências muito consistentes de que o crescimento do PIB alagoano em 2011, e mais especificamente da indústria de transformação, tenha sido por causa da eficiência da política de desenvolvimento e atração de novas indústrias. Mais realista parece ser a hipótese de que foi, como sempre, a dinâmica do setor mais tradicional da economia alagoana, o setor sucroalcooleiro, que, motivado pelo bom momento da economia internacional, influenciou, decisivamente, no aumento em quatro pontos percentuais da indústria no Valor Adicionado Bruto do PIB alagoano, contribuindo para um crescimento real de 5,6% no setor de transformação. É muito importante lembrar que os problemas organizacionais e econômico-financeiros que algumas usinas em Alagoas vêm enfrentando têm início por volta de 2012, quando o mercado internacional começou a se contrair e caíram as vendas no exterior, arrefecendo a atividade sucroalcooleira.

Com exceção do avanço dos setores de serviços, comércio e construção civil, puxados pela conjuntura econômica favorável do Brasil e do Nordeste, e determinada pelos diversos programas federais, expansão do consumo e obras de infraestrutura, e o anúncio de instalação de algumas ainda poucas indústrias, a economia alagoana, parafraseando o poeta Cazuza, continua sendo um museu com algumas poucas novidades naqueles três setores!

3
O PARADOXO DE SOLOW E OS INDICADORES ECONÔMICOS DE ALAGOAS*

Robert Solow, economista norte-americano filiado ao pensamento neoclássico, foi laureado com o prêmio Nobel de Economia em 1987. Desenvolveu uma análise das causas do crescimento econômico que ficou conhecido como o modelo Solow-Swan, onde reconhecia a combinação importante entre acumulação de capital, mudanças tecnológicas e crescimento da força de trabalho.

Em seu modelo, Solow explica que é necessário o crescimento da poupança *per capita* para elevar a razão capital-trabalho. O fundamental para o crescimento econômico é fazer crescer a força de trabalho e a sua produtividade aliados à incorporação de mais e novos meios de produção, ou seja, o progresso tecnológico deve ser acompanhado da expansão do trabalho.

Entretanto, um aspecto de suas análises merece a nossa atenção. Em meio ao furor da chamada Terceira Revolução Tecnológica, quando os Estados Unidos lideravam o processo de inovação e progresso tecnológico, em meados

---

* Publicado no *site* Cadaminuto em 27 de dezembro de 2013.

da década de 1980, que resultou no que hoje conhecemos por meio do uso dos microprocessadores, computadores portáteis, *smartphones*, *tablets*, etc., Solow cunhou a seguinte expressão: "We see computers everywhere excepts in the productivity statistics" [Vê-se computadores em toda parte, menos nas estatísticas de produtividade]. Em outros termos, mesmo com o uso disseminado dessas máquinas em todos os setores da economia norte-americana, paradoxalmente esse importante progresso tecnológico não colaborava para aumentar a capacidade de produção do sistema econômico com redução de custos e desperdício de tempo.[1]

Trazendo o tema para a nossa realidade, a economia alagoana também parece viver um paradoxo. Evidentemente que não nas mesmas características do Paradoxo de Solow. O Paradoxo Alagoano significa que, em todos os discursos oficiais que tratam da trajetória econômica recente da economia do estado, observa-se uma notória propaganda a respeito de um processo de industrialização em andamento, com a chegada de dezenas de empresas, gerando milhares de empregos, etc. Fala-se em até 100 mil postos de trabalho abertos na indústria nos últimos sete anos. Entretanto, quando analisamos os dados, sejam eles da produção, emprego ou até mesmo do consumo de energia, não observamos esse movimento com muita clareza. Senão, vejamos.

De acordo com dados do Ministério do Trabalho e Emprego, o estoque de empregos formais em Alagoas saltou de 407.937 trabalhadores, em 2007, para 502.432, significando incremento de 24%. Entretanto, não parece que tal evolução tenha contribuído muito para a expansão industrial.

---

[1] Para entender melhor as razões desse paradoxo recomendo a leitura do artigo "Tecnologia, organizações e produtividade: lições do Paradoxo de Solow", do nosso amigo Prof. Francisco Teixeira, da Escola de Administração da UFBA, no endereço <http://www.rep.org.br/pdf/82-9.pdf>.

Tabela 1. Evolução do estoque de empregos formais em Alagoas, 2007/ 2012

Setores econômicos	2007	2008	2009	2010	2011	2012	Variação 2012/ 2007 (%)
Extrativa mineral	935	1.081	1.035	782	1.079	1.020	9,09
Indústria de transformação	102.755	103.782	105.429	105.087	106.881	102.888	0,13
Serviço público de utilidade pública	4.403	4.755	4.591	4.618	4.795	4.938	12,15
Construção civil	11.150	13.634	18.434	27.986	37.007	36.602	228,27
Comércio	56.611	60.880	65.892	73.322	78.672	84.239	48,96
Serviços	80.379	89.966	93.329	102.442	111.273	117.748	46,49
Administração pública	140.849	140.756	147.439	147.926	148.423	148.940	5,74
Agropecuária	10.855	10.089	9.987	9.829	9.768	8.967	–17,39
Estoque total	407.937	425.033	446.136	471.992	497.898	505.432	23,90

Fonte: Ministério do Emprego e Renda/Caged/Rais. Elaboração própria.

Na indústria de transformação, por exemplo, o estoque de empregos formais, em 2012, foi de 102.888 trabalhadores, apenas 0,1% de crescimento em relação a 2007, quando atingimos 102.755 carteiras assinadas. Em 2011, o patamar alcançou 106.881 trabalhadores, coincidindo com o melhor ano na década de 2000 para a produção e exportação de açúcar do estado, tema já abordado em artigo anterior escrito nesse espaço.

No mesmo período, o estoque de empregos na construção civil saiu de 11.150 trabalhadores para 36.602, um incremento extraordinário de 228%. Nos setores de comércio e serviços, houve crescimento de 49% e 46,5%, respectivamente. Somando os trabalhadores formalizados nos dois setores, passamos de 136.990, em 2007, para 202.077, em 2012.

A criação de empregos nos subsetores da indústria como metalurgia, madeira e mobiliário, mecânica e material de transporte está muito mais relacionado à expansão da construção civil, consumo de automóveis e ao investimento do Governo Federal na montagem de plataformas para a Petrobras, no porto da capital. Mesmo assim, não tem sido significativo a ponto de surpreender tanto na observação dos indicadores.

Por outro lado, atividades industriais de maior peso no estado, como o setor químico, alimento, bebidas e álcool etílico, a expansão da oferta de emprego tem aumentado muito na margem [setor químico] ou declinado [setor sucroalcooleiro]. A indústria têxtil, infelizmente, vem reduzindo velozmente o número de trabalhadores. Em 2007, tínhamos nessa atividade 1.865 trabalhadores, e, atualmente, contamos com cerca de 1.300, redução, portanto, de 27%.

Desse modo, os 100 mil empregos gerados devem-se, principalmente, à expansão das atividades terciárias e à construção civil. Como diversas vezes já apontamos, o desempenho dessas atividades e a instalação de empreendimentos nesses setores explicam-se mais pelas dinâmicas econômicas nacional e regional. Esses setores estão crescendo em toda parte, notadamente no Nordeste na última década.

Enfim, observando pelo lado do emprego de trabalhadores com carteira assinada, vivemos um paradoxo. Fala-se muito em industrialização, geração de empregos, vê-se muita propaganda, mas não encontramos estatísticas suficientes confirmando esse processo.

4
A REALIDADE DOS INDICADORES E A PSICOLOGIA DO AUTOENGANO*

As teorias econômicas são tentativas de conhecimento mais apurado de uma realidade social complexa, dinâmica e de suas possíveis interações. Elas nos ajudam a interpretar fenômenos econômicos, revelar enigmas, orientar e condicionar o comportamento do homem comum, além de objetivar melhorias em sua condição social [como admitia o maior economista inglês do final do século XIX, Alfred Marshall], racionalizar as decisões políticas e orientar o homem prático que se julga suspenso de qualquer orientação científica ou princípio filosófico.

Como certa feita afirmou uma das maiores e privilegiadas cabeças econômicas do século XX, John Maynard Keynes, "[. . .] os homens objetivos, que se julgam livres de qualquer influência intelectual são, em geral, escravos de algum economista defunto. Os insensatos, que ocupam posições de autoridade, que ouvem vozes no ar, destilam seus arrebatamentos inspirados em algum escriba acadêmico de certos anos atrás".[1]

---

* Publicado no *site* Cadaminuto em 3 de dezembro de 2013.
1 John Maynard Keynes. *Teoria geral, do emprego, do juro e da moeda.* São Paulo: Nova Cultural, 1988, p. 251.

O interessante, na contemporaneidade, é verificar a existência de muitos "insensatos" que não são sequer orientados, inconscientemente, por algum escriba morto, preferem a psicologia do autoengano, a negação dos dados, das estatísticas e das próprias teorias e análises econômicas. Preferem acreditar que apenas os fatos da realidade falam por si mesmos e são suficientes para explicar um sistema dinâmico.

Conforme tabela apresentada no ensaio anterior, demonstrou-se que, pelo lado do emprego, a economia alagoana não passa por um surto industrial, como muitos defendem. Pelo contrário, vimos que, entre 2007 e 2012, o estoque de empregos formais na indústria de transformação avançou apenas 0,13%. Vemos pujança mesmo nas atividades de construção civil, comércio e serviços.

O que chamamos de paradoxo alagoano significa a incompatibilidade entre o discurso político, propaganda governamental e resultados econômicos manifestados em alguns indicadores elementares. Assim, nas análises da evolução do emprego, do consumo de energia e do número de unidades consumidoras, no estado, os dados confirmam nossos argumentos.

Com base no Anuário Estatístico de Energia Elétrica da Empresa de Pesquisa Energética, do Ministério das Minas e Energia, a atividade industrial alagoana parece não avançar de forma tão significativa a ponto de revelar resultados surpreendentes.

Nota-se no Quadro 1 que, entre 2007 e 2012, o total de consumidores de energia em Alagoas passou de 772,4 mil para quase 951 mil, incremento de 23,1%, com forte crescimento do número de consumidores residenciais [23,8%] e comerciais [19,5%]. Já no ramo industrial, o número de consumidores ficou praticamente estagnado [0,1%], com maior nível absoluto alcançado em 2011 [2.681], quando coincidiu com o forte crescimento das exportações do estado nesse ano, como analisamos na primeira parte desse conjunto de artigos.

Quadro 1. Evolução do número de consumidores de energia por classe econômica em Alagoas, 2007/2012 [milhares, %]

Classes	2007	2008	2009	2010	2011	2012	Crescimento 2012/2007 [%]
Residencial	704.368	736.372	762.450	806.313	841.383	871.781	23,8
Industrial	2.671	2.649	2.655	2.646	2.681	2.675	0,15
Comercial	47.213	48.188	48.925	50.342	52.220	56.412	19,5
Rural	9.372	9.651	9.627	9.911	10.036	10.331	10,2
Outros	8.810	9.191	9.155	9.309	9.686	9.794	11,2
Total	772.434	806.051	832.812	878.521	916.006	950.993	23,1

Fonte: Brasil, Ministério das Minas e Energia/Empresa de Pesquisa Energética/Anuário Estatístico de Energia Elétrica, 2012 e 2013.

Quando observamos a evolução do consumo no Quadro 2 seguinte, Alagoas avançou 18,7% no total, saindo de 3,7 GWh, em 2007, para 4,4 GWh, em 2012. Evidencia-se a expansão residencial [47,9%] e comercial [45,9%], ratificando os dados anteriores e comprovando, no estado, a expansão do mercado consumidor determinado pelo crescimento do emprego nos setores terciários e na construção civil, pela elevação dos padrões salariais mínimos e expansão dos programas assistenciais. Tais elementos, promovidos por políticas e programas do Governo Federal, impulsionaram tanto o consumo quanto o número de consumidores residenciais e comerciais.

Por sua vez, o consumo de energia industrial cresceu apenas 0,9% em Alagoas. Para efeito de comparação, no mesmo período, em Pernambuco, Ceará, Sergipe e Paraíba as taxas de crescimento foram 20,6%, 17,2%, 14,9% e 13,3%, respectivamente.

Quadro 2. Evolução do consumo total* por classe econômica em Alagoas, 2007/2012 [GWh]

Classes	2007	2008	2009	2010	2011	2012	Crescimento 2012/2007 [%]
Residencial	741	809	854	926	1.020	1.096	47,9
Industrial	1.927	1.985	1.778	1.896	1.627	1.945	0,93
Comercial	442	465	487	538	572	645	45,9
Rural	163	173	167	148	153	210	28,8
Outros	473	475	496	497	509	551	16,5
Total	3.746	3.907	3.782	4.005	3.881	4.447	18,7

Fonte: Brasil, Ministério das Minas e Energia/Empresa de Pesquisa Energética/Anuário Estatístico de Energia Elétrica, 2012 e 2013. [*] Consumo Total = mercado cativo + mercado livre.

É importante assinalar que uma parcela do setor industrial em Alagoas, como é o caso do químico e plásticos, atua no mercado livre de compra de energia. O consumo livre total em Alagoas também diminuiu de 191 GWh, em 2007, para 105 GWh, em 2012. Portanto, redução de 45% no período.

Os setores com maior capacidade instalada própria de geração de energia, em Alagoas, são o sucroalcooleiro e parte da cadeia química, com potencial no uso de usinas termoelétricas de 265 MWh e 6,1 MWh, respectivamente. Assim, o restante da cadeia industrial se restringe ao consumo de energia no mercado cativo e livre.

Em resumo, tanto pelo lado do emprego formal de trabalhadores, quanto pelo número de unidades e de quantidade consumida de energia, os indicadores econômicos não revelam que a economia alagoana enfrenta um surto dinâmico de industrialização. Ao contrário, eles convergem comprovando uma relativa estagnação industrial. Muito difícil acreditar que foram instaladas mais de oitenta empresas do ramo com geração de 100 mil empregos. Nos parece que os números e a análise econômica contrariam a psicologia do autoengano.

5
LIÇÕES, PARA ALAGOAS, DA INDUSTRIALIZAÇÃO PERNAMBUCANA*

No primeiro final de semana de 2014, visitamos os estados de Pernambuco e Paraíba. Ao pernoitar em Recife, dia 4-1, seguimos para a Paraíba pela BR-101. Ao longo da viagem, impressionou-nos a quantidade de empreendimentos empresariais sendo levantados, muitos deles de elevado porte.

No retorno, na segunda-feira, preocupamo-nos em parar em cada um desses empreendimentos e verificarmos mais de perto a natureza e especialização das novas fábricas. Viajando, portanto, no sentido João Pessoa-Recife, no km-15 da BR-101, na parte pernambucana, avistamos a megaestrutura sendo construída para abrigar a nova fábrica da Fiat, no município de Goiana, no meio do canavial. Com investimento direto de R$ 4 bilhões, com expectativa de alcançar R$ 7 bilhões, se somadas as instalações de novos fornecedores, somente nas obras de construção foram contratados 7 mil trabalhadores. Quando a fábrica começar a operar, a perspectiva é de emprego de 4,5 mil trabalhadores.

* Publicado sob o título "Vão ver de perto... Pernambuco, industrialização e sucesso", no *site* Cadaminuto em 10 de janeiro de 2014.

Avançando mais um pouco pela BR-101, mais exatamente no km-36, nos deparamos com a instalação da unidade fabril do grupo Petrópolis, fabricante da famosa cerveja Itaipava. Será a segunda unidade presente no Nordeste, com um investimento de R$ 600 milhões. Quando a fábrica entrar em funcionamento juntamente com seu centro de distribuição, serão criados 1.000 empregos diretos, segundo a diretoria de mercado do grupo.

Mesmo impressionados com a magnitude desses dois empreendimentos, dentre vários, a surpresa ainda viria pela frente. Resolvemos não continuar a viagem pela BR-101 e, chegando no entroncamento do Hospital Dom Hélder Câmara, ao norte de Ipojuca, enveredamos pela novíssima rodovia PE-009, batizada de Rota do Atlântico. Depois do Centro de Controle Operacional da Concessionária da rodovia, avistamos a Refinaria de Abreu e Lima. É de surpreender qualquer visitante. A obra de instalação já está em estágio muito avançado [80% de execução] e se observa um emaranhado de tubos, conexões e tanques de armazenamento e esferas, etc. Realmente, uma gigante, ocupando 630 hectares, construída pelo Governo Federal, Ministério de Minas e Energia, orçada em R$ 31,2 bilhões e executada pela Petrobras e PDVSA [empresa venezuelana]. Somente na obra, são envolvidos mais de 40 mil trabalhadores.

Vizinha à Refinaria de Abreu e Lima, com investimento de R$ 2,4 bilhões, conferimos a planta, também em estágio de conclusão, do polo químico-têxtil formado pela Petroquímica Suape e Companhia Integrada Têxtil de Pernambuco. Nele, serão produzidas 700 mil toneladas de ácido tereftálico [PTA] por ano, matéria-prima principal para produtos como fios de poliéster, embalagens PET, filmes e outros elementos industriais. Durante sua construção, são 20 mil trabalhadores contratados, e, quando entrar em funcionamento, a unidade produtiva absorverá 1,8 mil trabalhadores.

Do lado oposto à refinaria e ao polo químico-têxtil, ao leste, encontram-se mais duas grandes obras que complementam o Complexo de Suape: o Estaleiro Atlântico Sul e a expansão do Porto de Suape.

O Estaleiro Atlântico Sul emprega 8 mil trabalhadores e envolve R$ 1,8 bilhão em investimentos em sua instalação. Com carteira para a construção de 22 navios e uma base para plataforma marítima de exploração de petróleo em alto-mar [representando US$ 3,5 bilhões], o estaleiro emprega cerca de 5,2 mil trabalhadores diretos.

O Porto de Suape, em 2013, bateu seu recorde na movimentação de cargas e navios. A movimentação de cargas cresceu 24,5%, alcançando 3,3 milhões de toneladas de mercadorias, e o de navios, 2,7%, com 1.029 embarcações atracadas, entre janeiro e setembro daquele ano. A movimentação de contêineres também bateu recorde, com mais de 300 mil TEUs [unidade equivalente a 20 pés de tamanho] passando pelo porto. O crescimento do volume de cargas desembarcadas e embarcadas pelo porto é uma demonstração cabal do sucesso industrial pernambucano.

Assim, o Complexo Industrial-Portuário de Suape tem como eixo central uma estratégia política do Governo Federal em levar adiante projetos industriais no Nordeste do País. Essa estratégia possui três pilares, os polos naval, portuário e petroquímico. Com eles, Pernambuco se beneficia do efeito multiplicador de vultosos investimentos e aciona forças centrípetas capazes de fomentar a instalação de dezenas de empresas no estado, entre fábricas e centros de distribuição e logística. Todas com identificação e endereço.[1]

Portanto, o montante total de investimentos na economia pernambucana gira em torno de R$ 50 bilhões com perspectiva na geração de 100 mil postos de trabalho.

1 Conferir informações no *site* <http://www.suape.pe.gov.br/company/list.php>.

O que a experiência de industrialização pernambucana nos serve de lição? Que aspectos são confirmados por esse movimento em nosso estado vizinho? Que condições estruturais se apresentam e suas consequências? Abaixo, algumas resumidas considerações.

Primeiramente, a presença do Estado central é imprescindível. Desde a participação direta na construção da refinaria passando pelas encomendas de navios e bens de capital ao estaleiro. Sem o Governo Federal, Pernambuco não estaria, no momento, reavivando a sua história industrial.

Segundo, a articulação política do governo pernambucano com o Governo Federal foi essencial para desengavetar antigos projetos que se encontravam, há décadas, apenas no papel e/ou paralisados. Nesse aspecto, o perfil estrategista do governo pernambucano e a competência da área de planejamento e desenvolvimento econômico foram imprescindíveis.

Terceiro, a capacidade de investimento do estado de Pernambuco, em parceria com o Governo Federal, possibilitou a construção e reformas da infraestrutura necessária à recepção de grandes empreendimentos. Estradas, viadutos, interligações viárias, saneamento, etc. são construídos ou reformados.

Quarto, não podemos desconsiderar que a região metropolitana conta com um PIB, por exemplo, três vezes maior que o de Alagoas, uma população um pouco maior que a nossa e, principalmente, uma mão de obra bem mais preparada e disponível para esse momento de industrialização [são sete novas escolas técnicas federais e cinco novos *campi* da UFRPE].

Quinto, nota-se que o estado da Paraíba, pela proximidade de sua capital [90 quilômetros], estrada duplicada e qualidade de vida, vem se aproveitando das externalidades econômicas [*spillovers* positivos] do surto industrial pernambucano.

Por exemplo, a distância da fábrica da Fiat, em Goiana, para João Pessoa é de pouco mais de 50 quilômetros. A capital paraibana se integrará rapidamente à metrópole de Recife, principalmente como ambiente de moradia. Elevados edifícios de quarenta andares são construídos afastados da orla praieira. Ao longo da BR-101, depois da divisa com Pernambuco, a quantidade de centros de distribuição e logística e novas fábricas de médio porte são resultados desse avanço.

Em resumo, o sucesso da industrialização em Pernambuco deve-se a uma escolha política estratégica do Governo Federal, competência de articulação política do Governo Estadual, investimentos em infraestrutura e capacitação de mão de obra. Esse movimento não se explica por estratégias aleatórias de incentivos fiscais, voluntarismo empresarial e preferências territoriais. Os estados do Ceará e do Maranhão parecem querer repetir a experiência e já garantiram do Governo Federal a promessa de grandes investimentos estruturantes, conforme declarações da presidenta Dilma Rousseff, em novembro passado.[2]

2 Conferir matéria em http://www.valor.com.br/brasil/3348524/dilma-confirma-refinaria-da-petrobras-no-ceara

6
ACONTECE, EM ALAGOAS, UM "SURTO INDUSTRIAL"?*

Uma das minhas frases prediletas foi cunhada pelo filósofo italiano Antonio Gramsci e diz o seguinte: "É preciso afiar o pessimismo da razão [. . .] para construir o otimismo da vontade". Em termos mais vulgares, significa explorar mais intensamente o instrumental teórico-analítico, utilizado com rigor científico pelo pesquisador, para se chegar às verdades, à essência, que explicam os fenômenos reais.

Sem a realidade, não existem teorias; e sem teorias, as explicações de como o mundo funciona, e como deve funcionar melhor, seriam caóticas. Assim, teoria e prática caminham juntas e nunca separadas. O erro é justamente achar que se pode transformar uma realidade social, melhorar as condições e a dignidade humana na intuição, de maneira improvisada, sem os recursos das ciências.

Quando recorro geralmente à frase de Gramsci, vem-me à memória o exemplo da ciência médica. Um médico-cientista envolvido em pesquisas sobre a cura do câncer, se depara, todos os dias, com pacientes terminais, mas seu

---

* Publicado no *site* Cadaminuto em 20 de janeiro de 2014.

desiderato consiste em desenvolver estudos e diagnósticos, sombrios às vezes, objetivando resolver um problema que aflige milhões de pessoas todos os anos, levando-as na maioria dos casos à morte.

No clássico da literatura historiográfica e social alagoana, Dirceu Lindoso, ao fazer uma crítica consistente ao discurso historiográfico produzido pela elite sesmeira-escravista e seus intelectuais, que ocultavam a natureza e essência da Revolta Insurrecional dos Cabanos de 1832, enfatizou que "cabe à teoria dar fala aos fatos". Para ele "os fatos sós, sem uma teoria, não falam. Há que interrogá-los. Tratando-os teoricamente".[1]

Quando Dirceu Lindoso argumenta a necessidade de uma visão crítica sobre a historiografia oficial, sesmeira-escravista, ele comenta sem rodeios: "O que faz a historiografia crítica, ao estabelecer como premissa de sua escrita historiográfica a objetividade, é desmantelar o arsenal ideológico dessa escrita estamental, desmontando os elementos de sua parafernália".[2]

De maneira mais prosaica, o ex-líder da banda Legião Urbana, Renato Russo, em uma de suas lindas canções [Perfeição], escreveu: "Quando a esperança está dispersa/Só a verdade me liberta/Chega de maldade e ilusão".

Essa longa digressão objetivou esclarecer que o papel da pesquisa, dos estudos e análises é lançar luzes sobre fenômenos da natureza [humana ou física] ou sociais, no passado ou presente, e fazer conjeturas sobre o futuro. Proposições são elaboradas com base, justamente, no avanço das ciências. Se não fosse assim, a humanidade teria pouco avançado desde o Renascimento, do século XVII até os dias atuais.

---

1 Dirceu Lindoso. *A utopia armada: rebeliões de pobres nas matas do tombo real*. Maceió: Edufal, 2005, p. 32.
2 Ibidem.

Até aqui, as análises argumentam que os indicadores econômicos sobre Alagoas não anunciam um processo intenso de industrialização. Já vimos que, pelo lado do emprego formal, número de consumidores e consumo de energia, a indústria alagoana quase não avançou, e se ocorreu isso foi muito marginalmente.

Quando descrevemos o caso da industrialização pernambucana e analisamos alguns aspectos na última publicação no artigo anterior, chamamos a atenção para os vultosos investimentos industriais nessa economia e o dinamismo do seu mercado de trabalho. Concluímos apontando alguns aspectos que devem servir de lição para o futuro industrial de Alagoas.

Dissemos que "o sucesso da industrialização em Pernambuco deve-se a uma escolha política estratégica do Governo Federal, competência de articulação política do Governo Estadual, investimentos em infraestrutura e capacitação de mão de obra". Ademais, que os efeitos do desenvolvimento do Complexo Portuário-Químico de Suape sobre a economia alagoana têm sido quase nulos. Vantagem tem levado a economia paraibana, com o surgimento de indústrias de pequeno e médio portes e centros de distribuição e logística, aproveitando-se do *boom* industrial e econômico do estado vizinho.

Para confirmar os nossos argumentos, um trabalho científico de fôlego, publicado em maio de 2013 pelos pesquisadores Rodrigo F. Simões, Luiz Carlos de S. Ribeiro, Thiago Henrique C. R. Lopes e Thiago de Moraes Moreira, pesquisadores do Centro de Desenvolvimento e Planejamento Regional [Cedeplar/UFMG] e da Petrobras, intitulado *Suape: novo polo de crescimento?*,[3] chegou a resultados muito interessantes:

---

3 Rodrigo Ferreira Simões [et al.]. *Suape: novo polo de crescimento?* Belo Horizonte: UFMG/Cedeplar, 2013 [Texto para discussão 478].

1. "A região de Suape apresenta indícios para ser caracterizada como um polo de crescimento já que os segmentos ligados à indústria do petróleo [destaque para a produção de petroquímicos e refino de petróleo] apresentaram ligações intersetoriais com diversas atividades econômicas;
2. "A região está crescendo acima da média estadual, regional e nacional devido, em parte, aos inúmeros investimentos em infraestrutura que estão sendo direcionados para a referida localidade ao longo dos anos;
3. "Tomando os impactos sobre a renda, identificou-se a seguinte hierarquia na distribuição entre os demais estados nordestinos: Bahia, Paraíba, Ceará, Alagoas, Maranhão, Rio Grande do Norte, Sergipe e Piauí".

Sobre Alagoas, a conclusão dos autores é lapidar, e corrobora nossos argumentos. Afirma, literalmente:

"Vale a pena destacar que, por mais que Alagoas mantenha uma relação quase umbilical com o estado de Pernambuco, a economia alagoana necessita ser fortalecida e diversificada, por meio do incremento de suas relações de comércio inter-regional e investimentos em setores estratégicos. A partir disso, talvez, o estado de Alagoas consiga absorver maiores benefícios em relação a investimentos similares aos da RNEST [Refinaria Abreu e Lima.]"

Em arremate, recorremos à Tabela 1 abaixo baseada na Relação Anual de Informações Sociais [Rais], do Ministério do Trabalho e Emprego, uma das bases de dados mais credíveis do País. Nela, observamos que entre 2007 e 2012 o emprego com carteira assinada no setor da indústria de transformação no Nordeste cresceu 20,1%, saindo de 904 mil trabalhadores para mais de 1 milhão, no período considerado.

O melhor desempenho coube ao estado de Sergipe, 40,5%, comprovando o que já observamos na realidade quando atravessamos o rio São Francisco, sentido BR-101 sul. Nos demais estados, com exceção do Rio Grande do Norte e de Alagoas, o emprego formal na indústria de transformação cresceu, em média, 23%, acima do resultado regional. Os maiores contingentes de trabalhadores industriais estão no Ceará [258.794], em Pernambuco [231.206] e na Bahia [229.470].[4]

Tabela 1. Evolução do estoque de empregos na indústria de transformação no Brasil, 2007/2012

Estados	2007	2012	Crescimento 2012/ 2007 [%]
Alagoas	102.755	102.888	0,31
Bahia	184.860	229.470	24,1
Ceará	208.149	258.749	24,3
Maranhão	33.186	40.811	23,0
Paraíba	65.917	79.931	21,3
Pernambuco	188.407	231.606	22,7
Piauí	23.289	28.673	23,1
Rio Grande do Norte	64.614	67.458	4,4
Sergipe	33.206	46.653	40,5
Nordeste	904.371	1.085.884	20,1

Fonte: Brasil, Ministério do Trabalho, Emprego e Renda/Caged/Rais.

Surpreendente é o baixo dinamismo na geração de empregos industriais em Alagoas, apenas 0,13% em sete anos. Mesmo considerando a sazonalidade do complexo sucroalcooleiro, não existem razões plausíveis para explicar esse pífio desempenho que não seja um processo muito marginal de industrialização. Em comparação com os demais estados do Nordeste, fica mais evidente ainda que a geração de empregos formais na indústria alagoana foi medíocre nos últimos anos.

Difícil mesmo acreditar na tese de que o estado tenha recebido mais de noventa indústrias que geraram 100 mil empregos, diretos e indiretos, como afirmou em entrevista

---

[4] Sobre a dinâmica recente da indústria no Brasil, acessar a análise Desindustrialização do Emprego e Desconcentração Industrial do nosso colega Fernando Nogueira da Costa [professor livre-docente do Instituto de Economia da Unicamp/SP].
Conferir em <http://fernandonogueiracosta.wordpress.com/2014/01/10/desindustrializacao-do-emprego-e-descentralizacao-industrial/#more-30237>.

ao *Jornal Cadaminuto* [10 a 16-1-2014] o secretário de Articulação Social do Estado, Claudionor Araújo.

Para concluirmos, gostaríamos de reafirmar que nossas críticas têm exclusivo objetivo de contribuir com o debate econômico e social sobre Alagoas e seu futuro. Não podemos, para o bem de nossa sociedade, nos curvarmos às injustiças contra nosso povo, à escassez de debates mais sérios e fundamentados e às tribunícias críticas morais, insolentes e panfletárias.

Concordamos plenamente que o estado de letargia e assustadores índices sociais no estado de Alagoas são frutos de sucessivos governos, ao longo de pelo menos três décadas, colecionando mais fracassos que avanços. Agora, é necessário mostrar que não estamos caminhando em uma estrada de tijolos de ouro como na fábula de O Mágico de Oz!

7
OS DESCAMINHOS DA "INDUSTRIALIZAÇÃO" ALAGOANA*

Nos nossos artigos e ensaios, defendemos o argumento de que a economia alagoana não enfrenta um surto industrial, ou, como queiram, uma "explosão" industrialista. Muito pelo contrário, a vinda de algumas poucas indústrias não caracteriza fenômeno intenso, provocando a diversificação do parque fabril, com forte expansão do emprego formal.

Apresentamos o desempenho da geração de empregos formais na indústria de transformação em comparação com outros estados do Nordeste. Observou-se que entre 2007 e 2012, o estoque de empregos industriais no estado cresceu apenas 0,13%, bem diferente da realidade nordestina, que apresentou uma expansão de 20,1%. Os dados mais recentes divulgados pelo Ministério do Trabalho e Emprego, na terça-feira [21-1-2014], aponta um decréscimo no emprego industrial de 8,6%, entre 2007 e 2013!

Alguns fatores são responsáveis por esse medíocre e grave resultado no período. Pode-se elencar, entre outros: [1] a reestruturação tecnológica, com o emprego de novas máquinas de colheita no setor sucroalcooleiro; [2] a estiagem

* Publicado no *site* Cadaminuto em 27 de janeiro de 2014.

que afetou a plantação de cana; [3] a desaceleração do ritmo de exportações de açúcar; [4] a significativa diminuição da produção de biocombustíveis, em especial o etanol; e, [5] os problemas de gestão e financeiros que passam alguns grupos empresariais nesse setor. A título de exemplo, entre 2011 e 2013, destruíram-se mais de 12,9 mil postos de trabalho, principalmente no complexo sucroalcooleiro, sem expectativa de reversão desse movimento nos próximos anos.

Soma-se a esses elementos o resultado pífio, o rastejante crescimento do emprego formal em outras áreas industriais. Comemora-se no estado a instalação de novas fábricas e, para minha obtusa perplexidade, fala-se em cem novas unidades industriais gerando 100 mil empregos, diretos e indiretos. Se esses números fossem reais, estaríamos não somente compensando a perda de empregos na indústria sucroalcooleira e em outras áreas, mas, talvez, alcançando um saldo favorável espetacular no estoque total de assalariados.

Mas, para aumentar nossa incredulidade na religiosa mensagem e propaganda oficial, os dados sobre o emprego, entre outros já utilizados nessa sequência de artigos, não permitem que sejamos tão crentes assim no sucesso da política de desenvolvimento estadual. Muito pelo contrário, os resultados de nossas análises nos trazem para a realidade estrutural, e não para o caminho da pregação panfletária e ideológica.

O Ministério do Trabalho e Emprego disponibiliza o estoque de empregos formais total em todos os setores econômicos, e para todos os estados, até 2013. Ainda não estão disponíveis os dados desagregados por subsetores econômicos. Para analisar a estrutura do emprego formal na indústria alagoana, tivemos de recorrer ao banco de dados do IBGE, conhecido pelos especialistas pela sigla Sidra. São 23 subsetores industriais; destacamos os que apresentam mais de 1% de participação do total da força de trabalho assalariada no setor; com isso, chegamos a alguns resultados interessantes.

Conforme podemos observar no Quadro 1 abaixo, o setor produtor de gêneros alimentícios continua sendo o maior empregador na indústria do estado, alcançando quase 84% do total, em 2011, com destaque para a fabricação e refino de açúcar [78%].

As usinas de açúcar aumentaram a participação na geração de empregos formais entre 2007 e 2011, principalmente em virtude do excepcional momento para as exportações do produto, nos anos de 2010 e 2011, conforme discutimos alhures.[1] Por sua vez, o subsetor produtor de outros produtos alimentícios diminuiu sua participação de 1,8% para 1,6%, significando, portanto, desemprego nessa área. Com os novos dados divulgados pelo Ministério do Trabalho e Emprego, com certeza a participação da indústria açucareira diminuiu sensivelmente.

A produção de biocombustíveis, principalmente o etanol, já chegou a representar 15,4% da geração de empregos do estado, em 2007. Caiu 11,4 pontos percentuais em 2011, alcançando 4% do total, em 2012. Em termos absolutos, isso significou uma redução de aproximadamente 13.000 empregos formais nesse subsetor, no período.

Quadro 1. Participação dos subsetores da indústria de transformação alagoana no estoque total de empregos formais, 2007/2011 (%)

Subsetores da indústria de transformação	2007	2011
Produção de alimentos	74,1	83,6
Fabricação e refino de açúcar	68,8	78,1
Fabricação de outros produtos alimentícios	1,8	1,6
Produção de biocombustíveis	15,4	4,0
Produção de bebidas	1,9	2,6
Produção de borracha e material elétrico	1,4	1,8
Produção de minerais não metálicos	1,2	1,5
Produção de metais, exceto máquinas e equipamentos	1,2	1,1
Manutenção, reparação e instalação de máquinas e equipamentos	0,5	1,1
Dezessete subsetores agregados	4,4	4,6
Total	100	100

Fonte: IBGE/Sidra.

---

1 Conferir o Capítulo 1 deste livro.

Com exceção da indústria de produtos metálicos [exceto máquinas e equipamentos], que praticamente ficou estagnada na geração de empregos [1,2% contra 1%], os demais ampliaram a participação entre 2007 e 2012. Destacaram-se as indústrias de manutenção, reparação e instalação de máquinas e equipamentos, muito influenciada pelas usinas de açúcar, [aumento de 0,6 p.p.] e de material plástico, influenciada pela consolidação da cadeia de químico-plástico [aumento de 0,7 p.p].

Importa notar que os empregos perdidos na indústria química foram, praticamente, compensados pela ampliação de vagas na indústria de plásticos, conforme indica o Gráfico 1 abaixo.

Nos demais dezessete subsetores da indústria alagoana, a evolução do percentual de participação no emprego total assalariado foi praticamente nula, passando de 4,4%, em 2007, para 4,6%, em 2012.

Gráfico 1. Evolução do pessoal ocupado assalariado nos subsetores químico e plástico em Alagoas, 2007/2011

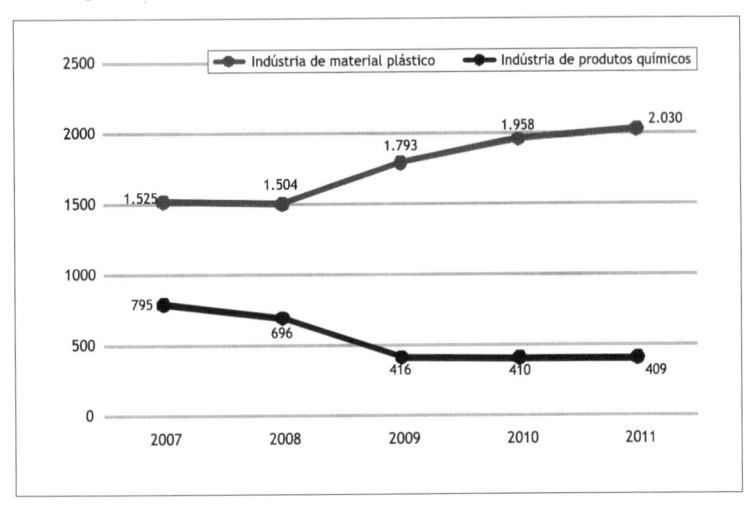

Fonte: MTE/Caged/Rais.

Desse sumário levantamento, considerando, ainda, as análises realizadas nos artigos anteriores, podemos tecer as seguintes considerações:

1. O setor usineiro continua sendo, majoritariamente, o maior empregador industrial em Alagoas. Entretanto, o momento de reestruturação tecnológica por que passa, os problemas na produção e comercialização internacional e o fechamento de unidades fabris trarão sérios problemas ao mercado de trabalho local;

2. O forte desemprego no subsetor produtor de biocombustíveis em Alagoas piorou, sensivelmente, os resultados do mercado de trabalho e contribuiu para a tímida evolução da indústria alagoana, do ponto de vista da expansão da oferta de vagas de trabalhos formais;

3. Observa-se na indústria de transformação alagoana uma velocidade incrível de destruição de empregos em alguns subsetores importantes do estado [Complexo sucroalcooleiro e indústria têxtil], ao tempo que é muito lento e insuficiente o aumento de postos de trabalhos em outros subsetores;

4. A expansão da cadeia químico-plástico, por sua natureza intensiva em capital, apresenta limites à criação de empregos.

Pode-se afirmar, sem receio de incorrer em equívocos, que se não fosse a expansão da economia pelo lado do comércio, serviços e construção civil, fenômeno também observado em todo o Nordeste [vale a pena repetir], em virtude das políticas econômicas, de expansão do mercado interno, e sociais, por meio dos programas do Governo Federal, a situação econômica do estado de Alagoas seria ainda mais dramática, dependesse do desempenho industrial nos últimos anos. Vale salientar que a construção civil já começou a apresentar desaceleração na geração de empregos entre 2012 e 2013, acusando a perda de pouco mais de mil postos de trabalho.

Outro importante aspecto que tem contribuído para

atenuar a situação dramática de geração de empregos na indústria alagoana é o investimento realizado no Porto de Maceió. Por decisão do Governo Federal, instalou-se nesse local uma empresa de engenharia com responsabilidade de montar quatro plataformas para a indústria petrolífera, e perspectiva de ampliação para mais duas. Com investimento de cerca de 1,5 bilhão de reais, o empreendimento, no auge de sua operação, gerará cerca de 2.500 empregos, diretos e indiretos. Entretanto, essa operação teve data para começar e finalizar as suas atividades no estado no curto prazo.

Infelizmente, a ampliação da planta industrial da Braskem, em meados de 2012, com investimento anunciado de 1,1 bilhão de reais, não provocou forte impacto na geração de empregos. A planta é automatizada, criando poucos postos de trabalho [cerca de duzentos], com impactos marginais do ponto de vista do estoque total de empregos no estado.

Concluindo, se tivéssemos cem novas indústrias instaladas em Alagoas de 2007 a 2013, o quadro do emprego e outros indicadores não seria esse analisado nos seis artigos já publicados.

Temos, realmente, uma situação estrutural muito difícil no tocante à geração de emprego e renda em nossa indústria. As escolhas de política de desenvolvimento industrial, nos últimos anos, foram muito tímidas e lenientes em fazerem a leitura do que estava acontecendo no Nordeste e diagnosticar a nossa real situação estrutural. Não foi muito bem calculado como a região estava se inserindo no rol dos grandes investimentos nas indústrias de base [metalúrgica e petroquímica] e transportes, infraestrutura e logística; isso diminuiu nossas possibilidades de integração inter-regional do ponto de vista dos investimentos e efeitos de encadeamento industriais.

O indivíduo otimista em Alagoas, quanto à propaganda industrialista, não passa de um pessimista mal informado. A culpa realmente não é dele.

8
FINANCIAMENTO E "INDUSTRIALIZAÇÃO" EM ALAGOAS*

Nos anos 2000, ministramos em vários semestres a disciplina Sistema Financeiro Internacional nos cursos de Relações Internacionais em faculdades e universidades da capital baiana, Salvador. No programa de disciplina, usávamos, no início do curso, um livro pequeno, mas precioso em conteúdo, intitulado *Para entender o mundo financeiro*, do didático professor Paul Singer, livre-docente e professor titular da USP, atual secretário de Economia Solidária do Ministério do Trabalho e Emprego.[1]

Nesse "livrinho", os alunos descobrem a importância do sistema financeiro para uma economia capitalista, como o sistema de crédito é fundamental para lubrificar as relações de troca, o mecanismo de produção e realizar sonhos de consumo, impossíveis para os indivíduos sem riqueza acumulada e insuficientes fluxos de renda no presente.

O sistema de crédito está calcado no estoque de riqueza monetária capitalista. Sua expansão depende, justamente, da capacidade do sistema de produção continuar gerando

---

* Publicado no *site* Cadaminuto em 1.º de fevereiro de 2014.
1 Paul Singer. *Para entender o mundo financeiro*. São Paulo: Contexto, 2000.

riqueza [acumulação] e como ela se distribui gerando os fluxos de renda [salários, lucros, juros, aluguéis, etc.].

A importância do sistema financeiro e de crédito sempre foi considerada entre economistas importantes do século XX, a exemplo de John Maynard Keynes e Joseph Schumpeter. Para esse economista austríaco, um sistema econômico avançava de maneira "pulsante" e descontínua pela ruptura da normalidade por meio de inovações geradas dentro do próprio sistema. O agente responsável por essas rupturas seria o empreendedor, que, revolucionando o processo de produção ou explorando uma nova invenção, dava novo sentido às forças produtivas, quebrando a inércia e a estagnação de um ciclo produtivo já saturado. Entretanto, segundo Schumpeter, para que esse agente empreendedor pudesse agir com mais liberdade, o sistema financeiro era fundamental para oferecer crédito abundante e a juros baixos. Sem irrigar "o bolso" dos agentes inventivos e os investimentos necessários, não haveria desenvolvimento econômico e quebra de paradigmas tecnológicos.

Por sua vez, Keynes diz que o investimento produtivo é a mola motora do capitalismo, e o crédito, algo fundamental. Influenciado pelo economista Irving Fisher, o mais importante dos Estados Unidos no início do século XX, Maynard Keynes, em artigo de 1913, "How far are bankers at fault for depressions?" [Até que ponto são os banqueiros os culpados pelas depressões?], apontou que um dos principais determinantes dos ciclos econômicos, depressões ou apogeus, era "a criação e destruição de créditos".

A decisão de investir, para o economista inglês, portanto, envolve fatores objetivos e subjetivos, que se entrelaçam e se determinam. Entre os fatores subjetivos, os empresários/capitalistas se defrontam com as incertezas em relação aos resultados dos gastos com investimentos realizados no presente. Como eles não contam com bola de cristal, levam em conta algumas variáveis reais e as expectativas econômicas. Dentre as variáveis reais, a taxa de juros é fundamental na decisão de investir, pois ao mesmo tempo que remunera os "rentistas", os que vivem de aplicações em ativos financeiros, também representa o preço do dinheiro.

Então, no geral, o empresário, antes de tomar uma decisão de construir uma fábrica, comprar máquinas e contratar trabalhadores, por exemplo, sempre levará em conta o custo do dinheiro [taxa de juros], o rendimento líquido de seu negócio e a remuneração que poderia obter simplesmente aplicando o dinheiro em um ativo financeiro. Nesse sentido, quanto mais desenvolvido um sistema bancário-financeiro, no qual a sociedade possa confiar seu estoque de riqueza monetária, mais disponibilidade de recursos para empréstimos e crédito barato, em tese, o sistema produtivo pode acessar.

O economista brasileiro Ignácio Rangel, em alguns textos de 1960 e 1970, defendia, veementemente, que o capitalismo brasileiro só poderia tornar-se adulto se seu sistema financeiro se ampliasse e desenvolvesse a participação de agentes privados, diminuindo a dependência do sistema econômico do Estado na formação de capital e concessão de financiamentos.

Evidentemente que um sistema econômico que se desenvolve e amplia seus setores produtivos, necessita de mais recursos de financiamento e tende ao endividamento no longo prazo. Como Keynes admitiria, o investimento industrial, por exemplo, somente pode crescer se o capitalista contar com recursos para ampliar a produção e/ou inovar e incorporar novos métodos tecnologicamente avançados. Esses recursos, na contemporaneidade, na grande maioria, são captados nos mercados financeiros, bolsa de valores ou sistema bancário, comercial ou fomento, público ou privado.

Sobre esse assunto, chegou às nossas mãos um estudo minucioso e recente sobre a participação dos bancos públicos federais no financiamento da economia brasileira. Intitulado

"Bancos públicos federais brasileiros e heterogeneidade regional", o trabalho investiga a atuação dos principais agentes públicos financeiros na tarefa de reduzir as desigualdades regionais no período 2003-2011. Seu autor, Victor Leonardo de Araújo, é pesquisador e professor da Faculdade de Economia da Universidade Federal Fluminense e ex-técnico de pesquisa e planejamento do Ipea. Com base nesse material, procuramos selecionar alguns dados importantes e relevantes sobre a participação de Alagoas na captação de financiamento para o desenvolvimento de atividades produtivas naquele período.[2]

Antes de apresentar os dados e analisá-los, é preciso informar que no Nordeste um dos principais agentes financiadores da atividade produtiva é o Banco do Nordeste do Brasil [BNB]. Sua carteira de crédito financia vários setores econômicos, notadamente pequenos e médios empresários e vários projetos da agricultura familiar. Ainda, é o gestor e executor do Fundo Constitucional de Financiamento do Nordeste [FNE], importante instrumento de política pública destinando recursos financeiros a projetos e programas de desenvolvimento na região.

O FNE financia investimentos de longo prazo e, em menor medida, capital de giro ou custeio. Além dos setores agropecuário, industrial e agroindustrial, também são contemplados com recursos os setores de turismo, comércio, serviços, cultural e infraestrutura.

De acordo com os dados do Ministério do Planejamento, por intermédio de seu Departamento de Coordenação e Governança das Empresas Estatais, copilados pelo estudo mencionado, a participação do estado de Alagoas no saldo total das operações de crédito no BNB caiu 38%, conforme ilustra o Gráfico 1. Para efeito demonstrativo, o estudo revela

2 Victor Leonardo de Araujo. Bancos públicos federais brasileiros e heterogeneidade regional. In: Inez Silva Batista Castro [org.]. *Novas interpretações desenvolvimentistas*. Rio de Janeiro: Centro Internacional Celso Furtado, 2013, pp. 143-203.

que a participação de Pernambuco na carteira total de crédito do BNB saiu de 7,22%, em 2003, para 13,86%, em 2011; portanto, um crescimento de 92%. Isso reflete, inequivocamente, que o estado de Pernambuco, por meio do Polo de Suape, tornou-se um novo vetor de desenvolvimento econômico regional, bem como de concentração econômica, a partir da chegada e desenvolvimento de importantes projetos industriais.

Absorvendo 65% dos recursos do Banco do Nordeste para financiamento dos investimentos, Pernambuco, Ceará e Bahia reafirmam-se como principais centros econômicos da região. Entretanto, chama atenção que Alagoas participa com apenas 3,84%, 20% menos que Paraíba e Sergipe [4,6%].

O trabalho ainda se preocupa em calcular o crescimento real do saldo das operações de crédito dos estados nordestinos por atividade econômica. Com isso, fica ainda mais cristalina a capacidade de absorção de recursos por Pernambuco, em razão do desenvolvimento do Complexo Industrial de Suape, como o próprio estudo aponta [p. 190].

Gráfico 1. Evolução da participação do estado de Alagoas no saldo total de operações de crédito do BNB [%]

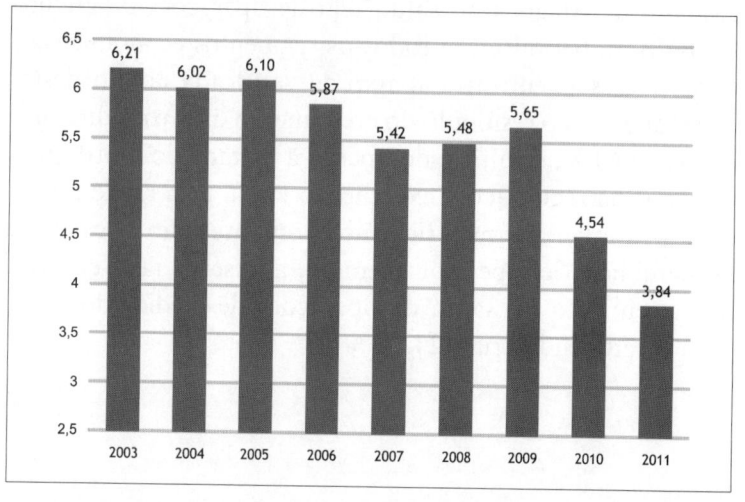

Quadro 1. Participação dos estados do Nordeste no saldo total das operações de crédito do BNB, 2011 [%]

Estados	2011
Alagoas	3,84
Bahia	28,01
Ceará	22,50
Maranhão	10,06
Paraíba	4,66
Pernambuco	13,86
Piauí	6,00
Rio Grande do Norte	6,42
Sergipe	4,64
Nordeste	100,00

Fonte: Dados copilados de Araújo (2013, p. 189).

Como se observa no Quadro 2 abaixo, a taxa de crescimento real das operações de crédito em Pernambuco, entre 2004 e 2011, alcançou cerca de 50%, mais de 2,5 vezes o total do Nordeste. Isso denota, indiscutivelmente, um surto industrial e, com ele, a expansão dos setores de serviços e comércio, que crescem na captação de crédito puxados pela expansão produtiva [57,6% e 79,2%, respectivamente].

Apenas o Piauí apresenta taxas negativas, mas é compreensível, pois o estado não possui um parque industrial importante. Importa mesmo observar o baixo nível de crescimento de Alagoas no saldo real de operações de crédito do BNB no período. Em todos os segmentos econômicos, a taxa de crescimento fica abaixo da verificada no Nordeste. Destaque para o resultado do crescimento da área industrial, apenas 9,61%, significando apenas a metade do Nordeste e o menor da região [com exceção do Piauí, pela razão apontada acima]. Para não ficarmos somente com o caso de Pernambuco, Sergipe, por exemplo, apresenta taxa elevada de crescimento no saldo de operações de crédito do BNB para o setor industrial [21,66%].

Quadro 2. BNB: taxa de crescimento real do saldo das operações de crédito por estado e atividade no Nordeste – média anual, 2004/2011 [%]

Estados	Total	Rural	Industrial	Comercial	Serviços
Alagoas	6,97	4,13	9,61	19,49	*
Bahia	10,89	4,78	17,27	39,61	44,49
Ceará	18,94	8,88	20,49	62,26	46,23
Maranhão	18,92	17,62	21,16	40,97	43,24
Paraíba	11,02	–0,55	12,83	46,76	51,23
Pernambuco	23,25	6,54	48,94	57,68	79,25
Piauí	1,54	–1,3	–1,79	29,32	35,97
Rio Grande do Norte	18,30	4,00	35,34	51,21	70,04
Sergipe	12,36	9,00	21,66	37,64	**
Nordeste	13,60	6,00	18,99	43,87	46,85

Fonte: Araújo (2013, p. 190). (*) Não possui saldo a partir de 2007. (**) Não possui saldo a partir de 2008.

Essa mesma situação, em relação à participação e ao crescimento de Alagoas na carteira de créditos para financiamento do Banco do Nordeste do Brasil, verifica-se na análise feita pelo estudo quanto aos bancos do Brasil, BNDES e Caixa Econômica Federal. Até 2010, não se verificam saldos de financiamento à indústria alagoana no BNDES.

Para finalizarmos, reforça-se com esses novos dados, quando analisados em conjunto com os apresentados e discutidos nos artigos anteriores, o argumento de que na economia alagoana não acontece um movimento intenso e forte de industrialização. Se isso fosse verdadeiro, a participação do estado na captação de recursos para o financiamento da atividade industrial teria crescido com semelhanças ao resultado do Nordeste, e a taxa de crescimento no saldo de operações de crédito nos principais bancos de fomento, a exemplo do BNB, seria alta no período considerado. Esses novos indicadores contrariam, novamente, a propaganda oficial.

9
INDÚSTRIA E EMPREGOS
EM ALAGOAS*

Os últimos dados divulgados pelo Ministério do Trabalho em Emprego [MTE], por meio do Cadastro Geral de [Caged], revelam que nossas preocupações apontadas em artigos anteriores se confirmam.

Diferentemente da Relação Anual de Informações Sociais [Rais], que informa o estoque de empregos formais anualmente, o Caged mensura o fluxo de admissões e demissões. Os resultados para o mês de abril de 2014 não foram, novamente, favoráveis para a economia alagoana. O saldo líquido na geração de empregos foi negativo em mais de 12 mil postos de trabalhos fechados.

Esse resultado deve-se, sobretudo, à diminuição significativa do *quantum* de trabalhadores na indústria de transformação. Somente esse ano, de janeiro a abril, foram destruídos 12,9 mil postos de trabalho. Em 2011, Alagoas contava com 106.881 trabalhadores formais na indústria em geral. Em 2013, esse estoque reduziu-se para 93.938. Os números recentes permitem apontar que a destruição de

---
* Publicado no *site* Cadaminuto em 13 de junho de 2014.

empregos nesse setor continua acelerada. Entre 2011 e abril de 2014, 41,3 mil postos de trabalhos foram fechados.

Essa dinâmica regressiva tem como principais fatores a sazonalidade do setor canavieiro, mas, principalmente, a crise estrutural por qual passa. Dessa vez, vários aspectos apontam para um definhamento irreversível desse setor, com perda considerável de sua importância na formação do PIB industrial do estado.

Os principais aspectos são: 1] fechamento de algumas firmas dentro do setor por razões relacionadas à incapacidade de gestão e a elevados passivos trabalhistas, que impedem o acesso ao crédito; 2] a forte estiagem nas safras 2012/ 2013 e 2013/2014 que encolheu, significativamente, a área plantada e colhida; 3] a reestruturação tecnológica em curso, com emprego de equipamentos na colheita da cana-de-açúcar em regiões sem grandes inclinações ou declives; 4] elevação dos custos de produção, principalmente da mão de obra; e 5) arrefecimento do mercado internacional para o açúcar.

O tímido processo de expansão de alguns setores específicos da indústria de transformação em Alagoas, a exemplo da cadeia químico-plástico não compensará a destruição dos postos de trabalho no setor sucroenergético. As plantas produtivas são intensivas em tecnologia e empregam poucos trabalhadores. Somente a título de exemplo, a empresa Tigre ADS, fabricante de tubos e conexões, tem em seu quadro funcional apenas vinte e quatro pessoas.

Dessa forma, analisando o quadro geral da indústria de transformação em Alagoas, podemos vislumbrar a continuidade do movimento de perda de sua participação no PIB alagoano, com sensível diminuição na geração de postos de trabalho. Ou seja, estamos em franco processo de desindustrialização, e não o contrário.

Infelizmente, a expansão dos postos de trabalho formais em setores como comércio e serviços parece não ser suficiente para equacionar o problema. Por exemplo, na construção civil, o que observamos é uma inflexão na geração de empregos desde o ano passado. Assim, resta aos setores de comércio e serviços em Alagoas a responsabilidade de amenizar essa dificílima situação. Mesmo assim, para cada 1 posto de trabalho gerado nos setores de comércio e serviços, 1,13 foi destruído na indústria de transformação no ano de 2013. Essa relação tende a aumentar em 2014 pelos dados já disponíveis, demonstrando que as atividades terciárias estão esgotando as possibilidades de manter elevado o estoque de empregos formais no estado.

Enfim, se continuarmos nesse ritmo, Alagoas alcançará um estoque de empregos industriais próximo ao de estados como Sergipe e Paraíba. Com um diferencial: em tais estados, o emprego vem crescendo nesse setor, ao passo que por aqui ele cai. Nesse cruzamento, estamos realmente involuindo, como tratamos mais profundamente no primeiro capítulo desse livro.

10
AMARTYA SEN EM ALAGOAS*

Amartya Sen, economista indiano, foi laureado com o Prêmio Nobel de Economia em 1998. Trata-se de um dos cientistas sociais mais criativos da segunda metade do século XX. Colaborou com o economista Mahbub ul Haq na criação do Índice de Desenvolvimento Humano [IDH], das Nações Unidas. Desde jovem, preocupou-se com o tema da pobreza, sobretudo em razão de sua experiência de vida em Bengala, na Índia. Sempre defendeu que o critério da utilização da renda *per capita* é muito insatisfatório como principal indicador de bem-estar e qualidade de vida das pessoas.

Na teoria econômica convencional, o progresso material está estreitamente vinculado ao crescimento da renda *per capita*. Subjaz a ideia que a elevação da renda garanta maiores oportunidades aos indivíduos, tornando-se uma força vital na maioria dos formuladores de política econômica e planos de desenvolvimento. Bastaria remover os obstáculos à expansão do sistema produtivo, diversificá-lo e apoiar a iniciativa privada empreendedora, que as sociedades mais pobres galgariam níveis materiais mais elevados.

* Publicado no *site* Cadaminuto em 7 de fevereiro de 2014.

Ao desafiar os princípios tradicionais da teoria econômica convencional sobre os pressupostos do bem-estar e do progresso, Amartya Sen restaurou "a dimensão ética na discussão dos problemas econômicos vitais", assinalou a Real Academia Sueca de Ciências, ao lhe conferir o prêmio Nobel.

Transpondo a estreita visão economicista, desenvolvimento para Sen se relaciona diretamente com a melhoria da vida que levamos e das liberdades que desfrutamos. Uma das principais barreiras ao desenvolvimento encontra-se no elevado nível de pobreza visto como uma privação de capacidades básicas, não apenas uma restrição imposta pela baixa renda ou condições econômicas inferiores.

Compreende-se como desenvolvimento, portanto, o processo de expansão das liberdades que os indivíduos devem possuir. Nesse sentido, o crescimento econômico pode propiciar não apenas o aumento das rendas privadas, mas também a expansão de bens coletivos e de serviços essenciais, principalmente de seguridade social. Mas não se trata de um movimento mecânico. Por exemplo, uma sociedade pode apresentar taxas de crescimento do PIB por longos períodos, e a população, em geral, ficar privada dos bens mais elementares para a sobrevivência; ou, ao contrário, sociedades de baixa renda *per capita* não necessariamente estão privadas de oportunidades sociais, podendo apresentar elevada expectativa de vida comunitária em várias dimensões.

Garantir oportunidades sociais aos indivíduos, como saúde, segurança pública, educação, lazer, cultura, etc. significa um grande passo para superar a pobreza. Em sua obra *Development as freedom*, Amartya Sen é categórico quando confirma que "a pobreza deve ser vista como privação de capacidades básicas em vez de meramente baixo nível de renda".[1] Pobreza, portanto, é uma inadequação das capa-

---

1 Amartya Sen. *Desenvolvimento como liberdade*. São Paulo: Companhia das Letras, 2000.

cidades do indivíduo, provocada pela falta de oportunidades sociais. O grande desafio é como canalizar os resultados do crescimento econômico, por exemplo, para a solução dos problemas básicos de uma sociedade pobre e aumentar o acesso a bens coletivos essenciais.

O que Alagoas tem a ver com isso então? Que lição Amartya Sen nos oferece para analisar o desenvolvimento recente de Alagoas?

Dois problemas fundamentais se entrelaçam e permitem uma avaliação pouco positiva na trajetória recente da sociedade alagoana. O próprio governador, em discurso muito recente, reconheceu que o estado ficou atrasado em pelo menos trinta anos [e os dados e estatísticas recentes ainda confirmam esse atraso].

O primeiro problema relaciona-se ao baixo crescimento da renda *per capita* alagoana, nas últimas duas décadas, em comparação com outros estados do Nordeste. Esse baixo dinamismo situou o estado numa trajetória de involução econômica relativa, situando-o nas últimas colocações no *ranking* regional. A tendência são os estados do Piauí e do Maranhão, por exemplo, convergirem para o mesmo nível da renda *per capita* alagoana. Se o aumento da renda média na economia alagoana não acompanha a velocidade regional, torna ainda mais difícil a missão de melhorar o perfil das políticas públicas e criar oportunidades sociais para os mais desassistidos.

Observando, por exemplo, o Índice de Desenvolvimento Humano [IDH-Municipal], divulgado em 2012, a afirmação logo acima se completa. Sabemos que o IDH-M é composto por três índices: renda, longevidade e educação. Em relação aos dois últimos, verificou-se que em todos os estados aconteceram avanços, com destaque para o IDH-Educação, principalmente no período recente, em razão da obrigatoriedade de se manter nas escolas as crianças das famílias beneficiárias do Programa Bolsa Família.

113

Para efeito de análise econômica, selecionamos o IDH-Renda e percebemos que Alagoas foi o estado que apresentou um dos piores desempenhos ao longo das três últimas décadas. Entre 1991 e 2010, no tocante a esse índice, o crescimento foi de 21,6%, inferior à média nordestina de 23,8%, ficando à frente apenas de Pernambuco, com 18,3%, conforme Tabela 1 a seguir.

Importante mencionar que, na década de 1990, Pernambuco viveu um dos períodos mais dramáticos de crescimento do PIB, ao contrário dos estados da Bahia e do Ceará, por exemplo. Mas, em compensação, seu crescimento econômico na última década refletiu-se, rapidamente, em sua recuperação, mantendo o estado na terceira posição do *ranking* regional no IDH-Municipal [Gráfico 1 a seguir].

Por sua vez, o fraco desempenho econômico alagoano refletido no IDH-Renda é um dos principais responsáveis por manter o seu IDH-Municipal [0,631] na última colocação no *ranking* nordestino.

Enquanto isso, o IDH-Renda do Piauí e do Maranhão cresceu, respectivamente, 30,1% e 28%. Resultados que põem esses estados na dianteira do avanço do PIB *per capita* no Nordeste na última década. Isso pode impactar, positivamente, no IDH-Municipal dos dois estados nos próximos anos.

Tabela 1. Taxas de crescimento do Índice de Desenvolvimento Humano, conceito renda, 1991/2010 [%]

Estados	2000/1991	2010/2000	2010/1991	*Ranking*
Maranhão	11,1	15,3	28,0	2
Piauí	13,9	14,2	30,1	1
Ceará	10,5	10,7	22,4	5
Rio Grande do Norte	11,2	11,5	23,9	4
Paraíba	13,0	12,7	27,4	3
Pernambuco	8,1	9,4	18,3	9
Alagoas	8,9	11,7	21,6	8
Sergipe	8,0	12,8	21,7	7
Bahia	9,4	11,6	22,1	6
Nordeste [média]	10,4	12,1	23,8	–

Fonte: Programa das Nações Unidas para o Desenvolvimento; Pnud/Atlas do Desenvolvimento Humano no Brasil, 2013. Cálculos feitos pelo autor.

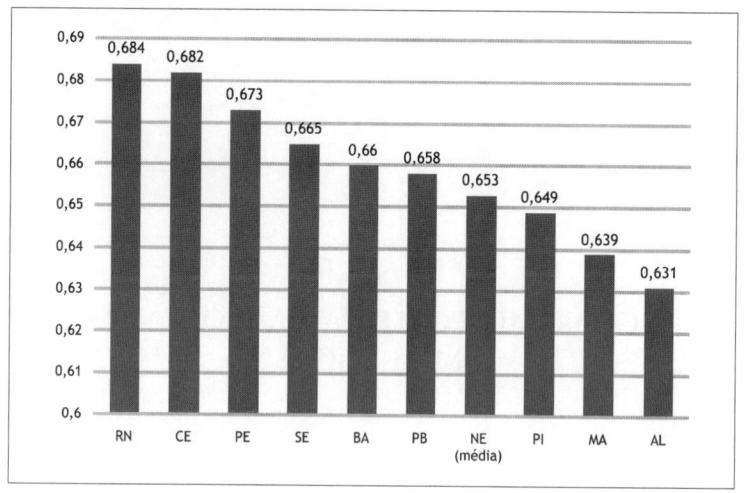

Gráfico 1. IDH-Municipal por estado do Nordeste, 2010

Estado	IDH
RN	0,684
CE	0,682
PE	0,673
SE	0,665
BA	0,66
PB	0,658
NE (média)	0,653
PI	0,649
MA	0,639
AL	0,631

O segundo problema fundamental diz respeito à redução da pobreza em nosso estado. Não se tem dúvidas que ela vem diminuindo sistematicamente não só aqui, mas em todo o Nordeste. Graças às políticas de assistência social promovidas pelo Governo Federal, a recuperação do salário mínimo real e o crescimento do emprego, principalmente, nos setores de comércio, serviços e construção civil.

Porém, se utilizarmos o conceito de pobreza de Amartya Sen como a privação das liberdades individuais pela restrição das oportunidades sociais, a realidade estampada nos jornais locais, mídia eletrônica e relatórios internacionais, bem como nas estatísticas e indicadores, tornam muito cristalina a situação. Nesses termos, cerca de um terço da população se encontra em elevada condição de pobreza. Basta observar, apenas, os níveis e estágios em que nos encontramos na segurança pública, na educação e na saúde.

11
ECONOMIA POLÍTICA DA VIOLÊNCIA EM ALAGOAS*

> O sentimento de que as pessoas vivem com medo de serem assassinadas é um exagero muito grande. Existe situação terrível nas favelas, mas na cidade não há problemas, não tivemos problemas de segurança com turistas neste verão
>
> — Governador Teotonio Vilela, jornal *Valor Econômico*, março de 2012[1]

Breve preâmbulo

O texto que os leitores terão a oportunidade de conferir é uma reflexão a respeito da escalada da violência no estado de Alagoas. Tem a pretensão de trazer o olhar da economia política sobre esse fenômeno recente. A carência de mais estudos aprofundados sobre o tema em nosso estado acarreta um prejuízo elevado para a discussão política e para a compreensão analítica que escape dos argumentos

---

* Publicado em sua versão reduzida no *site* do Cadaminuto em 28 de fevereiro de 2014. Essa versão mais elaborada foi publicada no suplemento especial Campus, *Jornal do Dia*, 6-12 de abril de 2014.

1 Conferir em <http://cadaminuto.com.br/noticia/161650/2012/03/12/divida-menor-ajudaria-a-elevar-investimentos-diz-governador>.

comuns, quase sempre atribuindo somente ao tráfico e ao consumo de drogas os fatores causais principais. O texto, portanto, busca escapar desses axiomas, sem desconsiderar sua importância e contribuição à evolução do problema. Ao contrário de tomarmos o tráfico e o consumo de drogas como causas do aumento da violência, preferimos analisar outras hipóteses estruturais que tenham maior poder explicativo. Consideramos que o estado de Alagoas, há pelo menos duas décadas, vem perdendo capacidade de gerar rendas e riquezas, com profundos efeitos na constituição de sua sociedade e na capacidade do Estado para responder aos anseios de sua população. O tráfico e o consumo de drogas, em nosso entendimento, deixam de ser variáveis determinantes para tornarem-se aspectos que acenderam a "chama" da violência em razão dos problemas sociais e econômicos estruturais que se aprofundaram no estado.

A dinâmica da violência em Alagoas

Primeiramente, é preciso apresentar alguns dados consolidados. Por exemplo, entre 2001 e 2011, o número de homicídios no Brasil cresceu 17%; no Nordeste, 84%; e em Alagoas, 171%. De 2001 a 2006, a média anual de óbitos por homicídio no estado foi de 1.121, ao passo que entre 2007 e 2011 ela chegou a 1.990. A curva da violência indicada pelo número de homicídios se altera de forma significativa a partir de 2006. Deduz-se, então, que a explosão da violência no estado é um fenômeno novo, não sendo suficiente os argumentos que remontam a uma cultura de violência desde os tempos coloniais. Que isso seja verdade, mas tem pouca capacidade explicativa para o problema atual.

Gráfico 1. Alagoas: número absoluto de óbitos por homicídio, 2001/2011

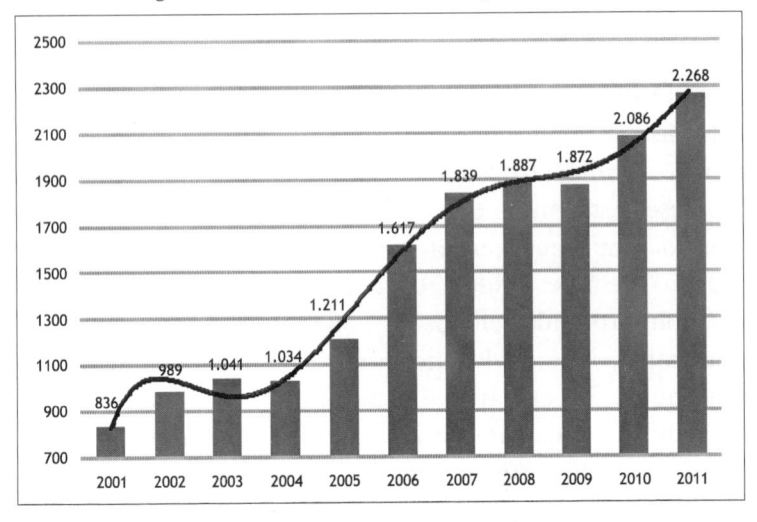

Ano	Óbitos
2001	836
2002	989
2003	1.041
2004	1.034
2005	1.211
2006	1.617
2007	1.839
2008	1.887
2009	1.872
2010	2.086
2011	2.268

De acordo com a Organização Mundial da Saúde [OMS], a taxa "tolerável" de homicídios por 100 mil habitantes é de 10. O estado de Alagoas tinha 29 homicídios/100 mil habitantes em 2001. Em 2011, apresentamos 72,2, enquanto o Brasil sai de 27,8 para 27,1, e o Nordeste, de 21,9 para 36,3, respectivamente. Ou seja, um incremento de 146,5% para Alagoas, 66% para o Nordeste e apenas 2,4% para o País. É nesse contexto que Maceió é alçada à quinta cidade mais violenta do mundo e a primeira do Brasil, com uma taxa de 111,1 homicídios/100 mil habitantes [Gráfico 2].

Outro aspecto que nos chama a atenção é que violência está vitimando não apenas jovens entre 15 e 24 anos. Ela está disseminada entre todas as faixas de idade, com exceção das de 0 a 14 anos e com mais de 60 anos. Isso é um indicador que revela que, apesar de o tráfico de drogas e a introdução do *crack* no estado terem efeitos devastadores e contribuírem para os índices de violência, eles não podem ser apontados como únicas razões da explosão dos homicídios.

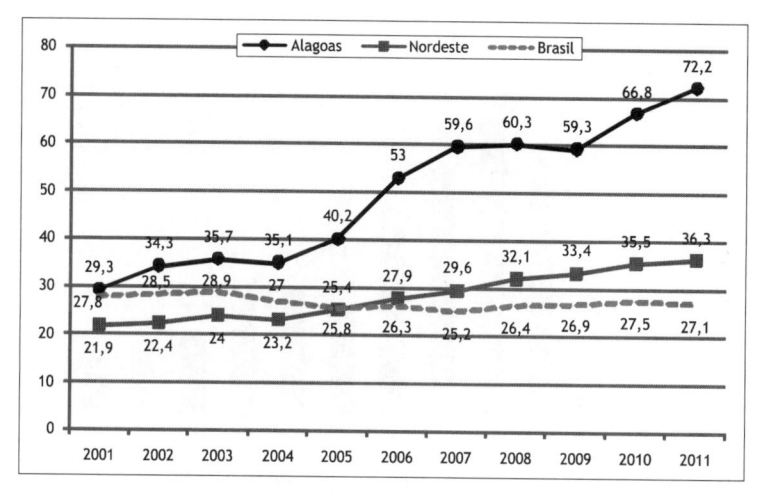

Gráfico 2. Brasil, Nordeste e Alagoas: homicídios por 100 mil habitantes, 2001/2011

No Gráfico 3, evidencia-se que as maiores taxas de homicídios/100 mil habitantes se encontram nas faixas de idade entre 15 e 34 anos. Nesse universo, 90% dos crimes vitimam homens negros e, invariavelmente, pobres. Por sua vez, na população com mais de 35 e menos de 60 anos, as taxas são maiores que as dos três estados mais violentos depois de Alagoas, como Espírito Santo [47,4], Pará [42,7] e Paraíba [40]. Portanto, se excluirmos a população com menos de 15 anos [910.361 habitantes, 18% do total] e com mais de 60 anos [276.763, 9% do total], quase dois terços da sociedade alagoana se encontram em extraordinária condição de vulnerabilidade diante da escalada da violência no estado.

Gráfico 3. Alagoas: distribuição das taxas de homicídios por 100 mil habitantes por faixa etária, 2011

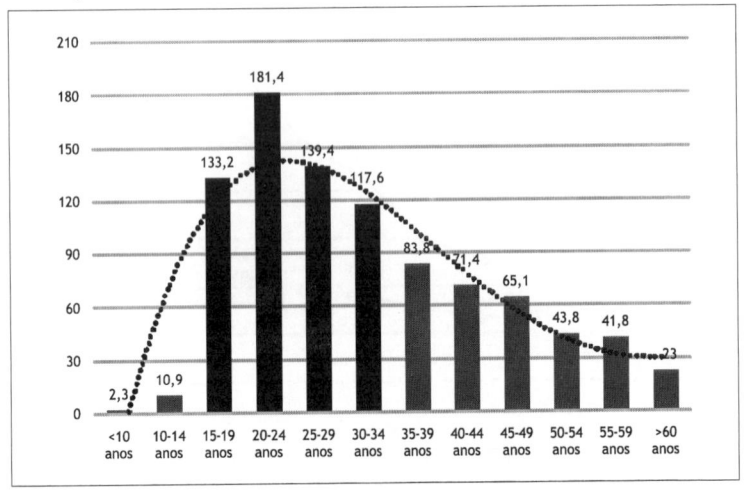

Faixa etária	Taxa
<10 anos	2,3
10-14 anos	10,9
15-19 anos	133,2
20-24 anos	181,4
25-29 anos	139,4
30-34 anos	117,6
35-39 anos	83,8
40-44 anos	71,4
45-49 anos	65,1
50-54 anos	43,8
55-59 anos	41,8
>60 anos	23

Na capital alagoana, a taxa de homicídios/100 mil habitantes entre os jovens alcançou o intolerável e inaceitável nível de 215,1, em 2011 [último dado consolidado]. Entre 2001 e 2006, a média se encontrava na casa de 87 homicídios/100 mil habitantes; entre 2007 e 2011, ela praticamente dobrou para 160 homicídios/100 mil habitantes. Ou seja, estamos num processo de intensa dizimação de jovens entre 15 e 34 anos no estado, uma faixa de idade com elevado potencial criativo e de capacidade de trabalho. Isso pode, também, ter implicações em nosso apagão de mão de obra, como muitos empresários sabem.

Outro elemento que importa: conforme a Organização das Nações Unidas [ONU], a relação adequada do efetivo é de 1 policial para cada 250 habitantes. Apesar da constatação de que temos um efetivo muito reduzido e que não ocorreu reposição adequada de homens em anos recentes, essa relação em Alagoas é de 1 policial para cada 343 habitantes [somando policiais civis e militares], de acordo com os dados do Anuário Brasileiro de Segurança Pública 2013 e expostos no Gráfico 3 adiante. Essa situação é muito mais favorável que a média nordestina [431] e compatível com a de estados como Paraíba [335], Sergipe [341], Pernambuco-[366] e Bahia [381]. Paradoxalmente, nesses estados a violência não chegou a níveis extremos aos verificados por aqui.

Gráfico 4. Nordeste: relação habitante por efetivo policial [militar e civil] [2012]

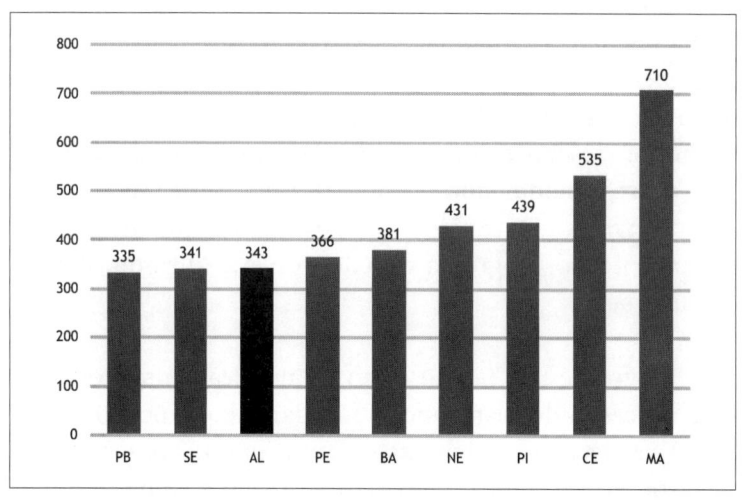

Em Pernambuco, por exemplo, as taxas de homicídios, na década de 1990, eram absurdamente elevadas em termos absolutos e relativos. Nos últimos anos, elas foram estabilizadas. Então, o problema não é apenas de efetivo policial, apesar da importância de lutarmos para alcançar a relação adequada apontada pela ONU. Ou será também problema de gestão?

No domingo dia 23-2-2014, a Globo News exibiu o programa de Fernando Gabeira com reportagem sobre a violência em Maceió.[2] Entre os entrevistados, policiais civis, militares, moradores e o vice-governador do estado, José

---

[2] Basta acessar a página da Globo News no endereço específico <http://g1.globo.com/globo-news/fernando-gabeira/videos/t/todos-os-videos/v/fernando-gabeira-mostra-as-mazelas-da-cidade-mais-violenta-do-brasil-maceio/3168752/>.

Thomaz Nonô. A principal linha explicativa foi o crescimento do consumo de *crack* no estado. Entretanto, outros elementos não passaram despercebidos. A estagnação econômica do estado foi um dos argumentos, juntamente com a forte exclusão social. Parece que esses são dois ingredientes muito fortes, mas pouco explorados até agora no debate sobre o problema.

Como afirmado no preâmbulo desse artigo, defendemos a tese que a economia alagoana nos últimos vinte anos, pelo menos, passa por um quadro de involução econômica relativa.[3] Isso quer dizer que, ao avaliarmos o seu desempenho de crescimento da riqueza *per capita* comparando-o com outros estados nordestinos, ficamos para trás.

Portanto, tem razão o vice-governador quando em seu depoimento ao programa da Globo News afirmou, literalmente, que

> Alagoas é um estado fraco economicamente, com um processo de distribuição fundiária equivocado. [. . .] Esse estado também *estagnou economicamente*, passou vinte e tantos anos sem atrair uma empresa nova, sem gerar empregos. *Então, nós definhamos economicamente de uma maneira muito acelerada e distorcemos socialmente na razão direta desse definhar.* [. . .] *Esse clima de estagnação econômica que vigorou durante certo tempo é um caldo de cultura extraordinário para as drogas e tudo de ruim que ela traz* [grifos nossos].

O discurso do vice-chefe do Executivo estadual pode

---

[3] Fábio Guedes Gomes. *Reflexões críticas sobre a realidade e dinâmica recente da economia alagoana*. Centro Internacional Celso Furtado de Políticas para o Desenvolvimento, Rio de Janeiro, 14 de fevereiro de 2014. Conferir em <http://www.centrocelsofurtado.org.br/interna.php?ID_M=1112>.

ser comprovado quando se observa um dos principais indicadores que compõem o Índice de Desenvolvimento Humano [IDH], calculado e divulgado pela Organização das Nações Unidas [ONU]. No quadro a seguir, pode-se verificar que, para o último dado calculado, podemos ver que, entre 1991 e 2010, o avanço do IDH-Renda em Alagoas ficou muito abaixo da média regional, com crescimento de apenas 21,6%. O fraco desempenho na década de 2000 somente superou os estados da Bahia [11,6%] e de Pernambuco [9,4], sistemas com complexidades estruturais muito mais profundas.

Quadro 1. Nordeste: evolução das taxas dee crescimento médio do IDH-Renda Municipal, 1991/2010 [%]

Unidades/Índices	Taxas de crescimento			Ranking
	2000/1991	2000/1991	2000/1991	
Maranhão	11,1	15,3	28,0	2
Piauí	13,9	14,2	30,1	1
Ceará	10,5	10,7	22,4	5
Rio Grande do Norte	11,2	11,5	23,8	4
Paraíba	13,0	12,7	27,4	3
Pernambuco	8,1	9,4	18,3	9
Alagoas	8,9	11,7	21,6	8
Sergipe	8,0	12,8	21,7	7
Bahia	9,4	11,6	22,1	6
Nordeste [média]	10,4	12,1	23,8	–

Com as exclusões econômica e social nas zonas rurais e o pífio desempenho no setor industrial, agravado ainda mais pelos problemas que tem enfrentado o setor sucroalcooleiro mais recentemente, a economia alagoana transformou-se em um vagão descarrilado da dinâmica recente do Nordeste. Assim, as falas no programa de Fernando Gabeira vinculam, acertadamente, a insuficiente capacidade de geração de emprego e renda no estado, a exclusão social elevada e o tráfico de drogas como um *mix* explosivo que promoveu a escalada da violência em nossa sociedade.

Esse *mix* se defrontou com uma situação muito precária das finanças públicas do estado alagoano na promoção de políticas de resgate da cidadania em áreas como educação, saúde e a própria segurança pública. As possibilidades de investimentos são muito parcas em razão, principalmente, da limitada capacidade de arrecadação própria e o elevado peso dos encargos financeiros da dívida pública com o governo federal [Lei 9.496/97].

Nesse contexto, o Governo Federal teve de colaborar com 200 milhões de reais mais os homens da Força Nacional. O efeito foi imediato e o número de homicídios doloso diminuiu 21% de 2011 para 2012, a despeito do crescimento de 142% nos latrocínios no período. Como as causas não são combatidas, os índices voltaram a crescer em 2013 e início de 2014.

Breve conclusão

Em um ambiente com limitadas possibilidades de geração de riqueza, emprego e renda, com níveis de exclusão social vergonhosos e finanças públicas estaduais muito comprometidas, os avanços do tráfico e do consumo de drogas foram apenas estopins suficientes para tornar Alagoas o estado mais violento do País e a sua capital figurar entre as dez do mundo, quando se observa as taxas de homicídios por 100 mil habitantes. Além do mais, a violência, junto com outros aspectos, certamente já influencia, diretamente, nas escolhas empresariais quando o assunto é Alagoas como destino de novos investimentos, ampliação dos já instalados e nos custos operacionais com segurança.

Por essas razões, e considerando a limitada competência na gestão da política de segurança pública, esse problema não poderá ser resolvido somente com terapias convencionais, como mais equipamentos, armas, efetivo e dinheiro para a área de segurança pública, apesar da importância fundamental desses aspectos. Se o problema é estrutural, teremos de resolvê-lo ou amenizá-lo, gradualmente, atacando as suas raízes, além da devida atenção que deve ser dispensada aos servidores públicos que compõem as estruturas policiais no estado.

Com educação de qualidade e infraestrutura adequada das escolas estaduais, uma rede de seguridade social abrangente e eficiente, uma política industrial consistente, articulada com os movimentos recentes da economia nordestina, e uma política agrícola e fundiária séria, pode-se reduzir a pobreza vista como a escassez de oportunidades sociais e contribuir, fortemente, para tirar o estado do quadro de baixo dinamismo econômico.

Fonte das informações e dados

ENASP. *Diagnóstico da investigação de homicídios no Brasil.* CNMP/CNJ/Ministério da Justiça, 2013.
FÓRUM BRASILEIRO DE SEGURANÇA PÚBLICA. *Anuário brasileiro de segurança pública 2013.* São Paulo: FBSP, 2013.
—. *Anuário brasileiro de segurança pública 2012.* São Paulo: FBSP, 2012.
WAISELFISZ, Júlio Jacobo. *Mapa da violência 2013: homicídios e juventude no Brasil.* Centro Brasileiro de Estudos Latino-Americanos/Flacso Brasil, 2013. Disponível em <http://www.mapadaviolencia.org.br/pdf2013/mapa2013_homicidios_juventude.pdf>.
—. *Mapa da violência 2013 – mortes matadas por armas de fogo.* Centro Brasileiro de Estudos Latino-Americanos/FlacsoBrasil, 2013. Disponível em <http://www.mapadaviolencia.org.br/pdf2013/MapaViolencia2013_armas.pdf>.

12
A IMPORTÂNCIA DO TURISMO NA ECONOMIA ALAGOANA: O CASO DA GASTRONOMIA*

Alagoas é um lugar de grandes contrastes. Academicamente, falamos em contradições. Um espaço geográfico na região mais semiárida do planeta. Felizmente, apenas 45,2% de seu território apresenta esse tipo de condição hostil a culturas e à sobrevivência humana. Uma dádiva, se comparamos isso com o tamanho da área semiárida de Rio Grande do Norte [92,9%], Pernambuco [87,6%], Ceará [86,7%] e Paraíba [86,2%].

Por outro lado, o encontro de suas lagoas e rios com o mar lhe confere uma sinuosa beleza com potenciais econômicos fantásticos para a atividade turística. Está mais que comprovado que no sentido oeste do estado também podemos encontrar outros sítios maravilhosos para se visitar e conhecer. Mas, infelizmente, os interesses, sobretudo o empresarial e a falta de políticas públicas, devotam maior atenção ali onde, de fato, os equipamentos turísticos e serviços contam com melhores sistemas de infraestruturas e abastecimento.

* Publicado no site Cadaminuto em 21 de março de 2014.

Recentemente, alguns amigos e colegas têm debatido qual o significado do turismo para Alagoas. Sabe-se que essa atividade econômica é bastante complexa e o grau de informalidade muito contribui para nos afastarmos do conhecimento de sua realidade com mais precisão. Além disso, os dados disponíveis são parcos no estado e carecemos de estudos mais aprofundados sobre a cadeia e os impactos das atividades voltadas aos serviços turísticos na economia local.

Enfatizamos "serviços turísticos" porque, muitas vezes, essa cadeia é, equivocadamente, categorizada como "indústria do turismo". Ora, se fosse indústria estaria classificada como tal nos relatórios e cadastros do IBGE, por exemplo, e noutras instituições de pesquisas. Trata-se de serviços mesmo. Hotéis, restaurantes, *trades*, agências, receptivos, etc. prestam serviços. Certamente, quanto mais eles se ampliam movimentam outras cadeias de fornecedores e produtores.

Um restaurante, por exemplo, apesar de produzir refeições e pratos, o que podemos considerar atos de produção, muitas vezes em escala industrial, entretanto não depende exclusivamente daquilo que está disposto no cardápio; outros importantes aspectos estão envolvidos, como atendimento, recepção, conforto, limpeza e higiene, etc. Numa indústria, a atividade central é produzir bens materiais; em hotéis e restaurantes, por exemplo, a atividade central é servir, mesmo que para isso se produza algo no interior dessas atividades.

O setor de turismo medido pelo crescimento do Valor Adicionado à Produção [VAP] das atividades envolvidas diretamente, como hotéis, agências de turismo, etc. e o segmento de alimentação, vem crescendo na composição do PIB estadual. Infelizmente, esse dado é o mais usual quando procuramos aferir a contribuição do turismo em determinada economia, além da geração de empregos nesses setores.

Conforme podemos observar no Gráfico 1, a participação do setor de turismo e alimentação no PIB alagoano [menos os impostos] cresceu de 1,61%, em 2002, para 2,56%, em 2010 [último dado consolidado].

Percebe-se que, a partir de 2006, ultrapassamos a casa dos 2%, chegando no ano de 2010 contribuindo com mais de meio bilhão de reais à riqueza bruta de Alagoas. Para se ter uma noção, em Pernambuco essa participação era de 2,1%, em 2007, e no Ceará 2,2%, em 2009. A Bahia continua sendo o estado do Nordeste com maior contribuição desses segmentos ligados ao turismo na composição de seu respectivo PIB [4,2%, em 2011].

Em termos absolutos, o VAP evolui no setor de turismo e alimentação em Alagoas de apenas 158 milhões de reais, em 2002, para 562 milhões, em 2010, ou seja, um crescimento de 256% no período. Como mencionado, a curva de crescimento se acentua a partir dos anos 2005-2006, como se observa no Gráfico 2.

Gráfico 1. Participação do setor de turismo e alimentação no PIB alagoano, 2002/2010 [valores correntes, %]

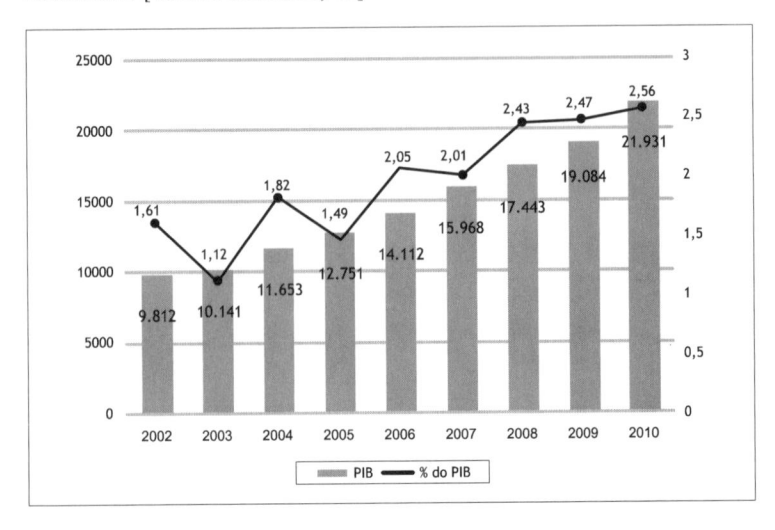

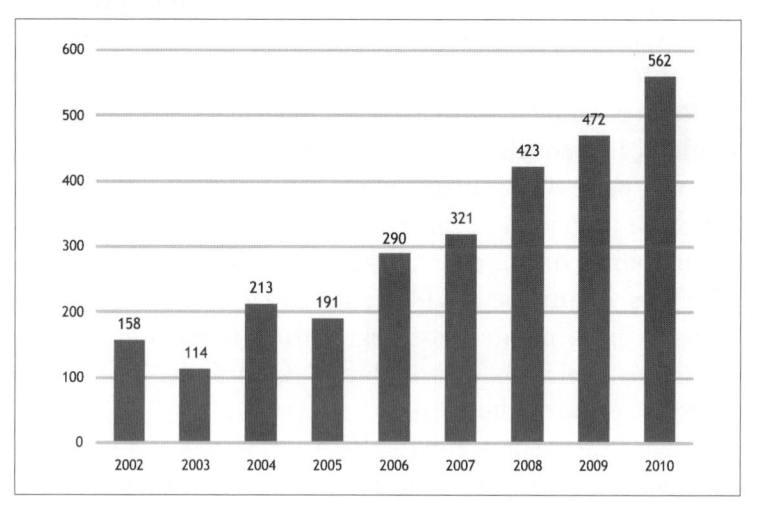

Gráfico 2. VAP Setor de alimentação e turismo no PIB alagoano, 2002/2010 [R$ milhões]

Ano	Valor
2002	158
2003	114
2004	213
2005	191
2006	290
2007	321
2008	423
2009	472
2010	562

A dinâmica mais intensa do fluxo de turistas tem aquecido não só a atividade hoteleira e suas interconexões econômicas, mas contribuído, sobretudo, para aquecer o mercado, faturamento e expectativas do segmento de *food service*, conhecido mais apropriadamente como alimentação fora do lar.

Em Alagoas, de acordo com a Pesquisa de Orçamento Familiar [POF 2008/09], do IBGE, 60% desse segmento são representados pelos restaurantes, 13% pelas casas de lanches, 9% pelas cervejarias e bares, 7% por pontos formais de comercialização de sanduíches, salgados e doces, 5% por pontos de vendas de bebidas alcóolicas e não alcóolicas e 6% diversos.

De acordo com o Anuário Brasileiro de Alimentação Fora do Lar [2012], do Instituto Food Service Brasil (IFB), Alagoas conta com 1.738 restaurantes, o que significa uma unidade para cada 1.900 habitantes. Por exemplo, os piauienses são mal servidos de restaurantes nesse sentido, pois a relação deles é de 1 unidade/2.557. Estamos um pouco acima da relação para o Nordeste, que é de 1 unidade/1.485.

Apesar de termos uma quantidade razoável de restaurantes, certamente esse número concentra-se na sua maioria na capital, o que pode ainda mais influenciar na diminuição naquela relação. Ainda, se levarmos em conta que boa parte da população do estado e sua capital não têm condições econômicas para frequentar esses ambientes ou manter uma rotina de realizar refeições fora do lar, percebemos quanto a atividade turística é importante em Alagoas para manter esse segmento dinâmico e gerando empregos. Vejamos outros dados importantes que dizem respeito a essa realidade.

No Brasil, entre 2004 e 2014 [previsão], o número de transações com alimentação fora do lar saltou de 56,4 milhões para 70 milhões, um crescimento de 24% no período. O gasto médio *per capita* com refeições fora de casa subiu de R$ 6,5, em 2008, para R$ 10,78, em 2014; portanto, 65% de aumento. De acordo com a POF [2008/09], a despesa média mensal familiar com alimentação fora do lar para o Brasil atingiu R$ 131,31. O Sudeste lidera o *ranking* com gasto médio mensal por família de R$ 172,78, seguido da região Sul, R$ 125,35, Centro-Oeste, R$ 109,84, Norte, R$ 92,68, e Nordeste, R$ 81,23.

No *ranking* brasileiro, as famílias paulistas são as que mais gastam, em média, por mês com alimentação fora do lar, R$ 198,53, seguida das fluminenses, R$ 196,45, e brasilienses, R$ 182,12 [conferir Gráfico 3 adiante]. Na média, as famílias alagoanas gastam apenas R$ 36,28 com alimentação fora do lar, apenas 67% da média maranhense, por exemplo. Isso é uma demonstração cabal de nossa precária situação econômica, com a falta de geração de empregos mais bem remunerados, alta concentração de riqueza e baixo dinamismo econômico.

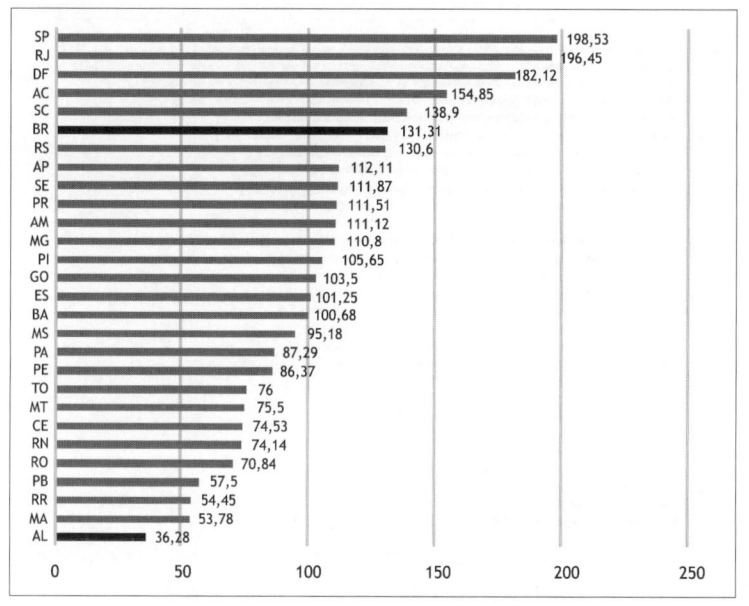

Gráfico 3. Gasto médio familiar com alimentação fora do lar no Brasil, 2009 [R$]

SP	198,53
RJ	196,45
DF	182,12
AC	154,85
SC	138,9
BR	131,31
RS	130,6
AP	112,11
SE	111,87
PR	111,51
AM	111,12
MG	110,8
PI	105,65
GO	103,5
ES	101,25
BA	100,68
MS	95,18
PA	87,29
PE	86,37
TO	76
MT	75,5
CE	74,53
RN	74,14
RO	70,84
PB	57,5
RR	54,45
MA	53,78
AL	36,28

Outro dado que reforça a precariedade da demanda por alimentação fora do lar por famílias alagoanas é quando avaliamos quanto do gasto total mensal com alimentos é despendido, em média, pelas famílias para fazer refeições em restaurantes. Observa-se no Gráfico 4 que apenas 15,9% do total de gastos em alimentação é despendido pelas famílias no estado com refeições fora do lar. Isso significa que a grande maioria das famílias de Alagoas pouco ou quase nunca tem o prazer e o desfrute de frequentar restaurantes e/ou atender a uma necessidade de alimentação nesses ambientes com certa regularidade.

Gráfico 4. Participação do gasto familiar com alimentação fora do lar no total do gasto familiar com alimentos no Brasil [%]

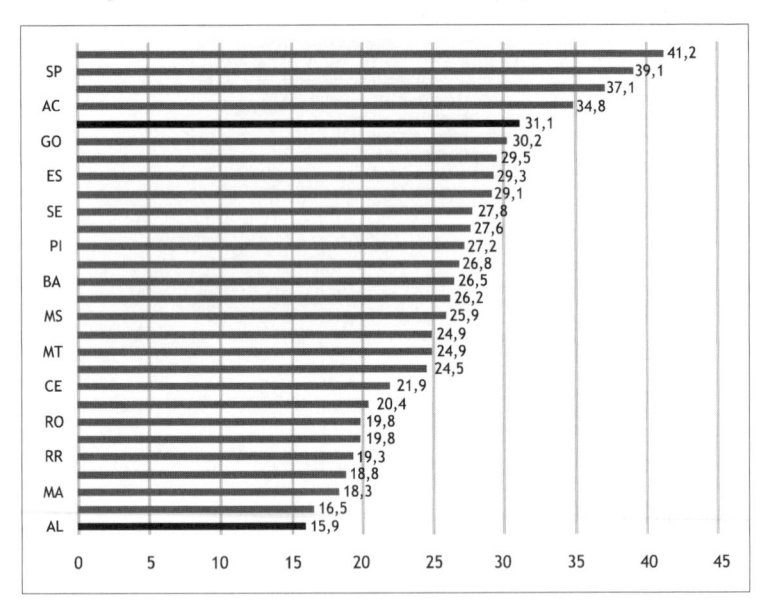

Estado	%
	41,2
SP	39,1
	37,1
AC	34,8
	31,1
GO	30,2
	29,5
ES	29,3
	29,1
SE	27,8
	27,6
PI	27,2
	26,8
BA	26,5
	26,2
MS	25,9
	24,9
MT	24,9
	24,5
CE	21,9
	20,4
RO	19,8
	19,8
RR	19,3
	18,8
MA	18,3
	16,5
AL	15,9

Somente para efeito de comparação, e ainda explorando as bases estatísticas da Pesquisa de Orçamento Familiar [POF 2008/09], do IBGE, montamos o Gráfico 5 adiante comparando a realidade dos gastos médios mensais, em reais, das famílias alagoanas e sergipanas em restaurantes. O gráfico aponta uma discrepância muito elevada no padrão de consumo entre as famílias sergipanas e as alagoanas em todas as faixas de renda.

Nas famílias alagoanas que auferem renda mensal de até R$ 830,00, as despesas com alimentação, fora do lar, foram de R$ 11,87, em média, apenas 22% do que gastam em médias as famílias sergipanas no mesmo estrato de renda. A discrepância é muito elevada em todos as faixas de renda média familiar. Por exemplo, na família com renda acima de R$ 10.000,00, a despesa, em média, por mês da família alagoana com restaurantes alcança, apenas, 44% das despesas das famílias sergipanas. Quando comparamos essa mesma relação com o Nordeste, as despesas médias com restaurantes das famílias alagoanas acima daquela renda são de 47% da média da região [R$ 242/R$ 516].

Gráfico 5. Gasto médio com alimentação fora do lar por faixa de renda familiar, Sergipe e Alagoas [R$]

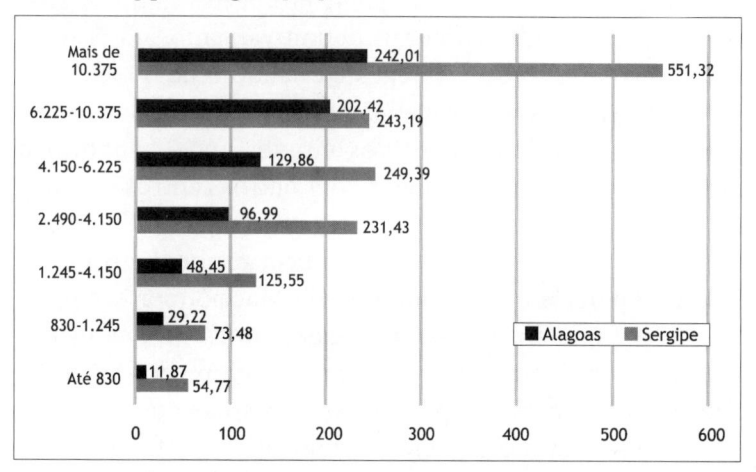

Faixa de renda	Alagoas	Sergipe
Mais de 10.375	242,01	551,32
6.225-10.375	202,42	243,19
4.150-6.225	129,86	249,39
2.490-4.150	96,99	231,43
1.245-4.150	48,45	125,55
830-1.245	29,22	73,48
Até 830	11,87	54,77

A economia do turismo em nosso estado vem crescendo e contribuindo para que o setor de serviços, junto com as atividades comerciais e da construção civil, continue gerando empregos e atraindo riquezas para o estado. É plausível afirmar que a dinâmica dos segmentos de turismo e alimentação tem evoluído, e o número de restaurantes, aumentado.

Entretanto, os dados deixam muito claro que a cadeia de restaurantes e fornecedores tem-se aproveitado, largamente, do aumento dos fluxos de turistas e da realização de importantes eventos no estado, os quais atraem visitantes de outros lugares. Enquanto esse fluxo continuar crescendo, restaurantes, bares e similares continuarão com elevado desempenho. Infelizmente, como vimos, o elevado nível de pobreza em Alagoas, associado à insuficiente capacidade de gerar renda e riqueza, impede que as famílias, no geral, desfrutem de alguns principais serviços promovidos pelo capitalismo moderno.

A história comprova que, numa sociedade em que seu padrão de vida econômica se eleva de maneira mais equânime, esses modernos serviços crescem numa velocidade fantástica, com setores de entretenimento, lazer, cultura e gastronomia passando a figurar, definitivamente, no sistema econômico e gerando empregos e criando renda.

Em Alagoas e, especialmente, na capital, o setor de gastronomia evoluiu muito nos últimos anos, ganhou em qualidade e consegue competir com outros centros de excelência do Nordeste e até mesmo de outras regiões. Explorando sabores locais e a culinária também regional e tradicional, uma parcela dos restaurantes de Maceió, por exemplo, consegue expandir as suas atividades em razão dos nichos alcançados pela frequência das famílias de rendas médias e altas e, principalmente, pelo fluxo de pessoas que visitam o estado. Esse último aspecto, certamente, tem feito a diferença, e sem ele, com elevada possibilidade de comprovação, a gastronomia em Alagoas e o segmento de alimentação estariam enfrentando dificuldades de crescimento em razão do estreito mercado consumidor local.

Portanto, o setor de *food service* em Alagoas tem amplo campo ainda de expansão e precisa diminuir sua elevada dependência dos fluxos de rendas determinados pelo trânsito de turistas. É de suma importância para isso que a economia do estado volte a crescer mais intensamente e a geração de renda se amplie com a expansão de novos empreendimentos que, verdadeiramente, criem muitos empregos e produzam riqueza em nosso no estado.

13
ALAGOAS PERDEU
SEM A COPA DO MUNDO*

A despeito de toda a propaganda negativa e torcida contra a realização da Copa do Mundo no Brasil, encerrada a fase classificatória, os elogios internacionais tomaram jornais e *sites* de notícias. A opinião dos estrangeiros que nos visitaram foi unânime quanto à organização do evento, à falta de grandes problemas nos aeroportos, e falaram sobre dificuldades comuns em relação aos transportes e à mobilidade urbana. Dentro dos estádios, surto de primeiro- mundismo, tudo funcionando perfeitamente (ou quase), segundo comentários dos que aí estiveram.

Se na fase classificatória a Copa bateu recorde de gols por partida e a emoção extravasou, a fase do mata-mata foi com doses cavalares de adrenalina. Realizamos, sem sombra de dúvidas, um dos melhores torneios das últimas quatro décadas.

Evidente que sua realização não resolverá problemas estruturais que persistem em nos colocar na condição de uma economia subdesenvolvida. Mas tenho absoluta clareza

---

* Publicado no *site* Cadaminuto em 27 de junho de 2014.

que eles não seriam resolvidos, também, sem a realização de um grande evento dessa natureza. Pelo contrário, a Copa está nos provando que podemos muito mais. Que somos capazes de gerir a coisa pública com mais decência e eficiência; que a segurança pública tem condições de ser aprimorada tecnologicamente; seu aparato policial, de funcionar preventivamente; e o sistema de inteligência, de rastrear e identificar grandes traficantes, corruptos e lavanderias de dinheiro; a saúde pode sair do caos que se encontra com destinação maior de recursos, fiscalização mais mão de obra qualificada, etc.

Sobre o tema da mobilidade urbana, certamente ele dominará a primeira metade desse século, pois não podemos mais imaginar uma civilização dividida entre o campo e as cidades. Essas já se tornaram o *locus* de sobrevivência da maioria esmagadora da população brasileira e a prevalência do transporte individual tem seus dias contados neste século, por razões que passam pela falta de espaço, a urgência na solução dos problemas ambientais e o encarecimento das fontes de energia.

Em todas as cidades-sede dos jogos os setores de comércio e serviços comemoram a dinâmica econômica provocada pela presença dos turistas [estrangeiros e nacionais], comitivas de jogadores, jornalistas e profissionais ligados diretamente à organização do evento, etc.

No Nordeste, Fortaleza, Natal, Recife e Salvador estão ainda contabilizando o sucesso e resultados. O comércio nessas localidades foi turbinado. A ocupação dos hotéis alcançou taxa 45% superior às expectativas do setor. O comércio local, sobretudo os bares, restaurantes e similares comemoraram o que provavelmente será o melhor mês do ano, com exceção da época de carnaval em Recife e Salvador. Até João Pessoa se beneficiou de sua posição geográfica, atraindo grupos de turistas estrangeiros que ficaram alojados, curtiram seu estreito litoral e os festejos juninos de Campina Grande.

Enquanto as principais capitais nordestinas exaltam a movimentação econômica trazida pelo campeonato mundial, em Maceió o reclame foi geral de alguns segmentos do comércio e serviços, sobretudo dos representantes da rede hoteleira.

Com relação ao comércio, evidencia-se que o consumo no Brasil vem se acomodando há um certo tempo e aquele *boom* vivido entre os anos 2007 e 2010 não se repetirá tão cedo. A demanda foi gradativamente desaquecida pelo aumento no custo do dinheiro e elevado nível de endividamento do consumidor. Nesse último caso, as dívidas frearam o consumo, mas não trouxeram ainda riscos para o consumidor, tampouco para a saúde do sistema financeiro. Portanto, tanto em Maceió como Arapiraca, os comerciantes ressentem da queda nas vendas e admitem que já vivemos uma crise no País. Não chegaria a tanto, pois com exceção da retração da economia mundial e suas consequências sobre nossa economia, a política de combate à inflação e a diminuição do ritmo de compras dos consumidores são aspectos conjunturais que podem ser revertidos no segundo semestre de 2014.

Por outro lado, a queda do índice de ocupação nos hotéis não somente em Maceió, mas nos demais lugares onde os atrativos turísticos do estado são muito fortes, contrariou as expectativas até mesmo dos responsáveis pelas pastas de turismo da capital e do estado. Meses atrás, a "oficialidade" divulgava notas de grande otimismo com a realização da Copa no País e os jogos realizados no Nordeste; defendia que poderíamos aproveitar o grande fluxo de turistas em trânsito para visitarem nossas belas e paradisíacas praias. Deu zebra, para usar um termo em homenagem ao torneio. Alagoas ficou praticamente alijada da Copa. Esse distanciamento não foi maior porque, afinal de contas, promoveu-se, nos jogos do Brasil, aqui e acolá, alguma festa, reunião de amigos ou comemorações que pressionaram o comércio local por comidas, bebidas, enfeites, camisas, etc.

Não poderíamos ser sede de alguns jogos?

14
ENCRUZILHADAS DO PRÓXIMO GOVERNADOR DE ALAGOAS*

> Adverti, Sancho amigo, — respondeu D. Quixote — que esta aventura, e outras semelhantes a esta, não são aventuras de ilhas, senão só encruzilhadas, em que se não ganha outra coisa senão cabeça quebrada, ou orelha a menos. Tende paciência; não vos hão de faltar aventuras, em que não somente eu vos possa fazer governador, mas alguma coisa mais...[1]

Os desafios do próximo governador serão muitos. As sim como a gestão do PSDB enfrentou certas dificuldades para iniciar o governo, o próximo gestor que tomará posse em janeiro de 2015 terá pela frente de equacionar problemas extraordinários. Seja qual for sua vinculação política, coligação ou partido, o que importa é que não será tão fácil governar se faltar competência, equipe integrada e bons projetos. Tudo em Alagoas é prioridade atualmente.

É verdade que a gestão Teotonio Vilela Filho fez um esforço fenomenal de trazer as finanças públicas a um ponto

---

* Publicado no site Cadaminuto em 4 de abril de 2014.
1 Miguel de Cervantes. *Dom Quixote de La Mancha*, capítulo X.

de melhor equilíbrio. Não foi fácil reduzir a Dívida Consolidada Líquida [DCL] em comparação à Receita Corrente Líquida [RCL]. Por exemplo, em 2003, a DCL era de 2,77 vezes a RCL. Em 2006, caiu para 2,22, taxa muito elevada ainda para atender os limites estabelecidos pela Lei de Responsabilidade Fiscal [LRF].

A partir de 2007, o processo de redução se acentuou até a DCL chegar a 1,38 vezes da RCL, em 2013. Enquadrando-se perfeitamente dentro dos limites de endividamento estabelecidos em Resolução do Senado Federal n.º 40 de 2001, alterada pela Resolução n.º 5 de 2002. Isso possibilitou ao estado acessar novas linhas de crédito para financiar novos investimentos públicos. Quer dizer, saímos de uma espécie de "SERASA".

Dois fatores foram importantes nesse ajustamento, notadamente entre 2007 e 2013: *i*] o aumento na eficiência na arrecadação fiscal, principalmente na receita com ICMS e *ii*] o crescimento no volume de vendas no comércio varejista em todo o País, a partir de 2004, e, especialmente, na economia alagoana.

Para corroborar o que foi afirmado, o Gráfico 1 a seguir mostra o crescimento acumulado anual do volume de vendas do comércio varejista em Alagoas e no Brasil [excluindo-se os setores de construção civil e concessionárias de veículos]. Observe que entre 2001 e 2006 as vendas do comércio em Alagoas cresceram 5,2% em média, mesmo com os desfavoráveis resultados verificados nos três primeiros anos da década.

Por outro lado, entre 2007 e 2013, as vendas no comércio varejista em Alagoas cresceram 9,2% em média. Isso permitiu que a arrecadação de ICMS se elevasse 11,5%, em média, no mesmo período. Mas, como se pode observar no Gráfico 2, a variação do volume mensal de vendas em comparação com o mesmo período do ano anterior vem se reduzindo no Brasil e em Alagoas desde 2010, como aponta a linha de tendência [preta]. O ano de 2012 foi ótimo, entretanto, em 2013, as vendas do comércio varejista só reagiram a partir do segundo semestre. Apesar da tendência em queda, o quadro de Alagoas ainda é melhor, pois o comércio continua pujante, todavia com viés de queda.

Gráfico 1. Brasil e Alagoas: crescimento anual do volume de vendas do comércio varejista, 2001/2013 [em %]

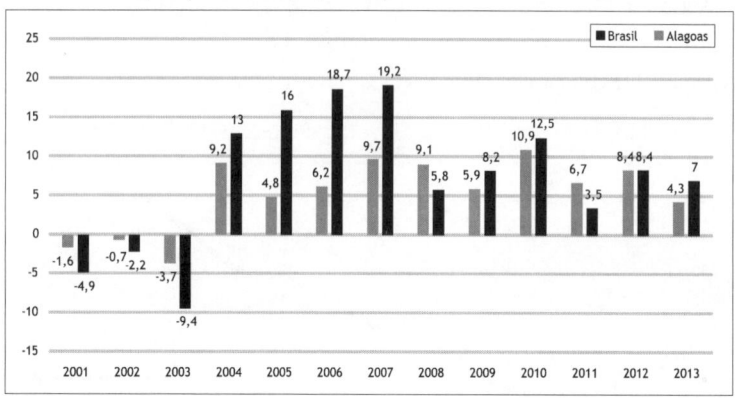

Gráfico 2. Brasil e Alagoas: variação mensal do volume de vendas do comércio varejista, mês atual em relação ao mesmo mês do ano anterior [%]

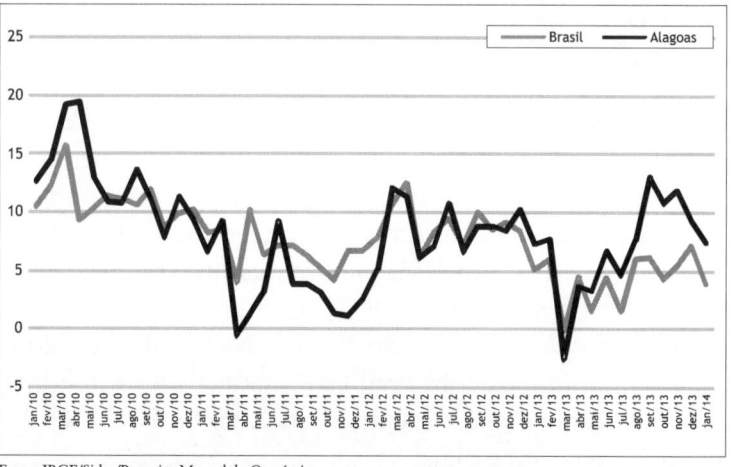

Fonte: IBGE/Sidra/Pesquisa Mensal do Comércio.

Portanto, o forte crescimento recente do comércio alagoano, a elevação da receita fiscal própria, a evolução do FPE de 61% [2007-2013] e a forte contenção de despesas, permitiram um ajustamento fiscal extraordinário e redução da participação da DCL na RCL. Observe, no Gráfico 3 seguinte, que é justamente a partir de 2007 que o crescimento acumulado da RCL supera em tendência a DCL. Para confirmar esse processo, entre 2007 e 2013, a DCL subiu apenas 19%, enquanto a RCL, 72,8%.

Gráfico 3. Evolução da DCL e RCL [2000=100; valores correntes]

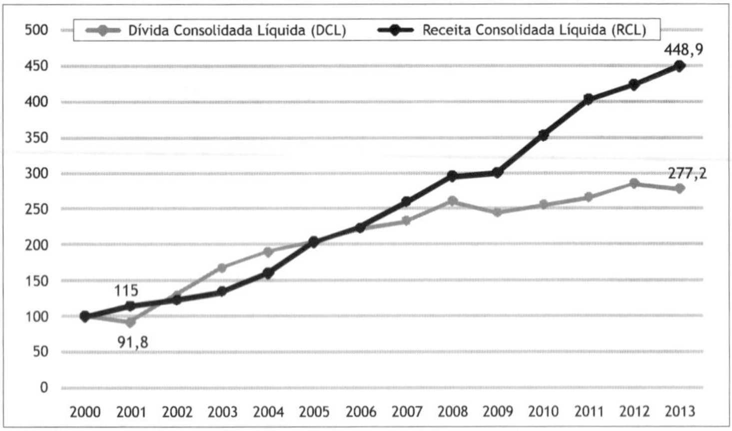

Fonte: Secretaria do Tesouro Nacional. Elaboração própria.

Ademais, esse ajustamento além de trazer os indicadores de endividamento para dentro dos limites estabelecidos pela LRF, comprometer sumamente várias políticas públicas e a capacidade de investimento, também financiou os encargos financeiros da dívida pública estadual com o governo federal [Lei Federal 9496/1997]. Conforme apuramos dos vários dados da Secretaria do Tesouro Nacional, entre 2000 e 2006, saíram dos cofres públicos estaduais R$ 1,8 bilhão somando juros e amortizações. Entre 2007 e 2013, R$ 3,4 bilhões, duas vezes mais!

Entretanto, esse cenário de forte ajuste fiscal, turbinado pelo crescimento do comércio alagoano e, principalmente, a formidável evolução da arrecadação de ICMS, está ameaçado porque o volume de vendas no comércio varejista e ampliado [que inclui comércio de construção civil e automóveis e motocicletas] vem diminuindo no estado.

A principal razão é a acomodação do consumo em patamares mais baixos, depois do surto promovido na segunda metade da década de 2000. Portanto, do ponto de vista das finanças públicas, o próximo governador poderá defrontar-se com um cenário econômico de baixo dinamismo fiscal, com um nível de receitas próprias bem menores.

Isso pode acarretar grandes dificuldades para gerir a máquina pública, conceder benefícios e reajustes salariais, executar políticas públicas e programas com recursos próprios, realizar contrapartidas nos projetos em parceria com o Governo Federal e executar investimentos próprios. Oxalá que a mudança no indexador da dívida pública estadual, passando do atual IGP-DI para o IPCA, traga melhor folga fiscal nos próximos anos.

No contexto desse cenário, Alagoas precisará aumentar a capacidade de arrecadação própria, principalmente com o alargamento da arrecadação tributária. Certamente, esse alargamento possibilitará uma distribuição mais equânime do peso dos impostos, com a desoneração dos setores produtivos nos quais as alíquotas são bem maiores, tornando nossa economia mais competitiva regionalmente.

O outro ponto de preocupação é em relação à evolução do estoque de empregos formais no estado. O futuro não é tão alvissareiro, com possíveis e fortes consequências sociais. O próximo governo pode herdar um dos piores quadros de desemprego no setor industrial já visto na história de Alagoas, caso não encontre alternativas à crise irreversível do setor sucroalcooleiro no estado, especialmente com a retomada [ou desengavetamento] de projetos prioritários em infraestrutura, a viabilização política de investimentos industriais de maior vulto no estado e uma política séria de assentamento e produção agrícola ao longo da obra federal do Canal do Sertão.

O processo de mecanização da colheita da cana promete expulsar do campo dezenas de milhares de cortadores no estado no curto prazo. Na região Sudeste, até ano que vem, 90% da colheita serão realizados por máquinas. O setor em Alagoas, até mesmo para ser mais competitivo, terá de fazer altos investimentos em tecnologia [o que já vem sendo realizado por algumas firmas]. Entretanto, muitos grupos esbarram na falta de crédito na praça. O elevado passivo trabalhista bloqueia muitas empresas para o acesso aos bancos de fomento. Para agravar, a continuidade da longa estiagem tem prejudicado o setor, mesmo considerando que, aproximadamente, 70% da plantação da cultura da cana no estado são irrigados. Para acentuar o problema, os preços do produto não parecem reagir e estimular a produção.

O Gráfico 4 revela a tendência do drama. Até 2013, o estoque total de empregos formais no estado crescia em média 2,8% ao ano. No período 2007-2013, o estoque se expandiu 23,5%, com acréscimo de 96 mil novos trabalhadores com carteira assinada no estado. Entretanto, a partir de 2011, o ritmo de geração de empregos formais, no total, diminuiu sensivelmente. O ano de 2013 fechou com a perda de 1.484 postos de trabalho no estado.

Como pode ser observado no gráfico em seguida, a indústria de transformação, em razão das profundas mudanças no setor sucroalcooleiro e o incipiente avanço em demais setores industriais, saiu de 106.881 trabalhadores, em 2011, para 93.938, em 2013. Uma queda de 12%, entre 2011 e 2013, e de 8,6%, no período mais longo de 2007 e 2013.

Gráfico 4. Evolução do estoque total de empregos formais em Alagoas e na sua indústria de transformação, 2007/2013

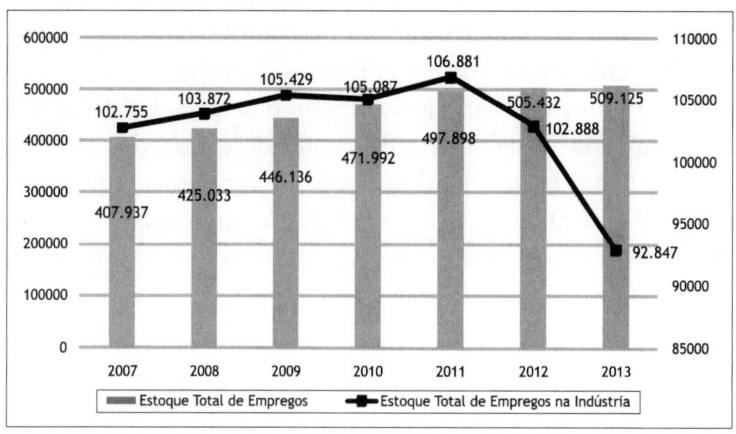

Ano	Estoque Total de Empregos	Estoque Total de Empregos na Indústria
2007	407.937	102.755
2008	425.033	103.872
2009	446.136	105.429
2010	471.992	105.087
2011	497.898	106.881
2012	505.432	102.888
2013	509.125	92.847

Fonte: MTE/Caged/Rais.

A construção civil começou a desacelerar na contratação de mão de obra. De 2011 para 2013, o saldo líquido [total de admissão menos demissão] foi de menos 1.431 trabalhadores. Portanto, se juntarmos a indústria de transformação, a construção civil e a agropecuária, em Alagoas, nesse mesmo período, o saldo líquido foi negativo em 14.801 postos de trabalho. Se não fosse a expansão dos empregos nos setores de comércio e serviços, esse déficit seria muito maior. Mas até quando esses dois setores suportarão compensar o desemprego na indústria de transformação do estado? O hiato certamente é coberto, em boa parte, pelo crescimento da informalidade e marginalização de parcela crescente da população.

As mudanças estruturais e a crise no setor sucroalcooleiro, felizmente, podem ser acomodadas em termos sociais pelo seguro-desemprego [no curtíssimo prazo] e Programa Bolsa Família. O Programa Nacional de Acesso ao Ensino Técnico [Pronatec] pode viabilizar alternativas com a requalificação da mão de obra dispensada, mas é preciso, por outro lado, criar as oportunidades de emprego. Sem aqueles dois programas federais, principalmente, daria para pressentir o verdadeiro inferno de Dante nas regiões urbanas das cidades alagoanas em torno de várias usinas.

Por fim, o futuro governador terá pela frente muito trabalho. Há possibilidade iminente de queda das receitas fiscais, e o processo de destruição de empregos em massa na indústria alagoana encontra-se em curso acelerado. Essas duas bombas de efeitos retardados podem estourar em seu colo!

15
O MAL-ESTAR ALAGOANO*

O dia 24-4-2014 foi de festa para uma parte da população alagoana, principalmente a torcida regatiana. Vencer a poderosa equipe do São Paulo, tricampeã mundial de interclubes, de virada, no estádio do Rei Pelé, não é comum. Principalmente quando comparamos as duas folhas de pagamento. Realmente, foi uma proeza de encher os olhos. O time do CRB jogou de igual para igual na primeira etapa, dominou o jogo no segundo tempo, com direito a gritos de "olé" de sua animada e festiva torcida. Poderia ter aplicado um 4 a 1 se não fosse a falta de maior competência do ataque.

A vitória do Galo da Pajuçara sobre o time paulista certamente entrará para os anais do clube. Quem teve oportunidade de assistir à partida não vai esquecê-la jamais. No jogo de volta no estádio do Pacaembu, na capital da garoa, dia 7 de maio, porém, o São Paulo eliminou o CRB por 3 a 0, encerrando o sonho do time alagoano de avançar à terceira fase da Copa do Brasil.

* Publicado no *site* Cadaminuto em 25 de abril de 2014.

Algo muito semelhante aconteceu em 2009, quando o CSA empatou com o Santos de Neymar [presenciei ao vivo esse jogo no estádio] e decidiu sua curta permanência na Copa do Brasil daquele ano, derrotando o bicampeão mundial de interclubes por 1 a 0, em plena Vila Belmiro.

Ainda, vale lembrar da histórica campanha do ASA de Arapiraca na Copa do Brasil de 2002, desclassificando o poderosíssimo Palmeiras, dirigido por Vanderlei Luxemburgo, em pleno Palestra Itália. Depois de vencer em casa por 1 a 0 e mesmo perdendo em São Paulo, por 2 a 1, o gol fora de casa deu vantagem ao ASA de continuar no campeonato daquele ano.

Mas, qual razão iniciarmos com um tema futebolístico? A resposta é relativamente simples. O que foi visto no dia 23-4-2014 no estádio da capital alagoana, na partida entre CRB e São Paulo, foi um espasmo de alegria e sentimento de orgulho que têm sido muito raros pelas terras caetés.

Nos últimos anos, infelizmente, o cidadão comum do estado tem enfrentado problemas de toda ordem. Não é difícil perceber que, na maioria do tempo, o alagoano apresenta uma autoestima baixa e abalada. Um certo mal-estar social predomina, em meio às frequentes notícias de violência, descaso na saúde, educação e falência de certas instituições públicas.

Quando falamos em mal-estar nos vem à lembrança um antigo texto do pai da psicanálise, Sigmund Freud. Às vésperas do grande *crash* na bolsa de valores de Nova York, em 1929, inaugurando um sombrio período para a economia capitalista, Freud escreveu o ensaio intitulado O *mal--estar na civilização,* lançando-o ano seguinte.[1]

Sumariamente, sua tese fundamental é que a civilização [ou cultura comunitária] tolhe as liberdades e a soberania

---

1 Para acessar o texto do psicanalista austríaco, <http://cei1011.files.wordpress.com/2010/04/freud_o_mal_estar_na_civilizacao.pdf>.

dos indivíduos. Ao mesmo tempo que a vida na sociedade organizada protege os homens de suas inclinações naturais, tendências destrutivas e antissociais, ela impõe limitações severas aos comportamentos pulsionais, como a sexualidade, por exemplo.

Para o autor austríaco, existe forte relação conflituosa entre civilização e liberdades individuais. Algumas delas, quando reprimidas e sua energia canalizada para outras ações humanas, provocam dissabores à vida humana e doenças psíquicas. Por exemplo, a repressão e alteração artificial dos instintos sexuais é uma prática na civilização como forma de conter a agressividade humana. E, nesse caso, Freud é bastante crítico a essa convenção pois ela é responsável pela repressão às liberdades sexuais como fonte de prazer, diminuindo sensivelmente a busca pela plena felicidade.

Mais recentemente, o economista e banqueiro André Lara Resende, um dos pais do Plano Real e integrante da Casa das Garças [confraria liberal luxuosamente instalada no bairro da Gávea, no Rio de Janeiro], escreveu um curto ensaio intitulado "O mal-estar contemporâneo".[2] Discutem-se nele as razões para as mobilizações sociais que aconteceram em junho de 2013.

Para o economista carioca, existe um anacronismo em nosso modelo de Estado brasileiro e as novas demandas da sociedade moderna. Reconhece que, nas últimas duas décadas, aconteceram importantes avanços na economia e na sociedade brasileira, também na redução das desigualdades de renda e ampliação de direitos sociais.

Entretanto, esses avanços contrastam com a crise de representatividade, a retomada do que ele chama de uma retrógrada estratégia nacional-desenvolvimentista e as novas

---

2 André Lara Resende. O mal-estar contemporâneo. *Revista Política Democrática*, Brasília: Fundação Astrojildo Pereira, ano XII, n.º 36, 2013. Disponível também em <http://www.schwartzman.org.br/sitesimon/?p=4540&lang=pt-br.>.

demandas da sociedade, que não são atendidas pela captura de quase um quarto da renda nacional em impostos e não aplicados de maneira eficiente em áreas públicas prioritárias. Bem, em que pese nossas discordâncias com o autor, é preciso reconhecer que, realmente, existe algo mais preocupante em nosso subdesenvolvimento estrutural.

Em 2006, publicamos na *Revista de Administração Pública*, da Fundação Getulio Vargas-Rio de Janeiro, o artigo "Conflito social e Welfare State: Estado e desenvolvimento social no Brasil", onde definimos Estado de Bem-Estar Social [Welfare State],

> [. . .] como um conjunto de serviços e benefícios sociais de alcance universal, promovidos pelo Estado com a finalidade de garantir uma certa "harmonia" entre o avanço das forças de mercado e uma relativa estabilidade social, suprindo a sociedade de benefícios sociais que significam segurança aos indivíduos para manterem um mínimo de base material e níveis de padrão de vida para que possam enfrentar os efeitos deletérios de uma estrutura de produção capitalista desenvolvida e excludente.[3]

Evidente que uma parte desse conjunto de serviços e benefícios é de responsabilidade, no Brasil, do Governo Federal. A outra é de competência de estados e municípios.

De posse dessa conceituação, muito nos preocupa quando o então governador de Alagoas justificou sua desistência à corrida eleitoral para o Senado da República, afirmando estar insatisfeito com os resultados da gestão em áreas como saúde, educação e segurança, como divulgado

---

3 Fábio Guedes Gomes. Conflito Social e Welfare State: Estado e desenvolvimento social no Brasil. *Revista de Administração Pública*, Rio de Janeiro: Fundação Getulio Vargas, vol. 40, n.º 2, pp. 201-36, mar./abr., 2006.

pelo jornal *Folha de S.Paulo*, em 5 de abril de 2014.[4] Talvez seja a primeira vez, nessa altura do campeonato, que o chefe do Executivo reconheça que, nessas áreas prioritárias e fundamentais ao bem-estar social alagoano, sua gestão tenha realmente fracassado.

No caso da segurança pública, os níveis de violência são tão explícitos e alarmantes que salta aos olhos do cidadão comum a situação de caos e calamidade social, principalmente nas periferias das principais cidades do estado. Mesmo o discurso oficial argumentando que o consumo de drogas e o tráfico têm sua parcela de contribuição, essas não são as únicas razões, como discutimos no artigo "Economia política da violência", publicado neste livro. Agora, o então candidato oficial tenta desmentir sérios institutos de pesquisas internacionais que apontam Maceió como uma das cidades mais violentas do mundo. Infelizmente, em seu discurso, não apresenta um só dado ou estatística em contrário ou argumento mais inteligente.

Polêmicas à parte, o que realmente se constata das áreas de educação, saúde e segurança pública no estado é uma situação de mal-estar social que incomoda, profundamente, a maior parte da população alagoana. Essas condições limitam, consideravelmente, outras liberdades individuais e oportunidades sociais em Alagoas. Limitações essas diferentes da apontada pelo pai da psicanálise; limitações impostas pelas ineficientes, mal-traçadas e inexistentes políticas públicas para o estado. Não contamos sequer com um Plano Estadual de Segurança Pública.

Portanto, o mal-estar alagoano é observado pelo esgarçamento do tecido social causado pelos elevados índices

---

4 Diógenes Campanha. Tucano eleva dívida e gastos com servidores. Jornal *Folha de S.Paulo*. Disponível em <http://www1.folha.uol.com.br/fsp/poder/159905-tucano-eleva-divida-e-gastos-com-servidores.shtml>; acesso em 14 de julho de 2014.

de violência, o comprometimento do futuro das crianças e jovens pela precária estrutura de educação, em razão do loteamento do estado e uma trágica gestão nessa área, e uma política pública de saúde insuficiente, não somente por problemas que afligem o sistema como um todo, mas pela falta de maior empenho e criatividade na área.

16
A PROPRIEDADE DA TERRA EM ALAGOAS*

Em um "pequeno" clássico da historiografia latino-americana, *A herança colonial da América Latina: ensaios de dependência econômica*, Stanley J. Stein & Bárbara H. Stein analisaram a formação econômica, política e social da região, nos contextos de fortalecimento e decadência dos laços que ligavam as metrópoles europeias às suas colônias em nosso hemisfério.[1]

Um dos méritos do livro foi demonstrar que, mesmo com os movimentos de libertação e independência de várias colônias, por volta da transição do século XVIII para o XIX, o processo colonial continuou sob novas bases, tendo a Inglaterra o julgo de influenciar as antigas metrópoles, no caso Portugal e Espanha, e determinar novas relações de dependência, principalmente econômica e política, envolvendo as ex-colônias ibéricas.

O que eles chamaram de neocolonialismo caracterizou-se pela entrada da Inglaterra no comando da economia

---
* Publicado no *site* Cadaminuto em 2 de maio de 2014.
1 Stanley J. Stein & Bárbara H. Stein. *Herança colonial da América Latina: ensaios de dependência econômica*. Rio de Janeiro: Paz e Terra, 1977.

mundial e a "anexação indireta" de vastos e ricos territórios às suas necessidades de expansão econômica, no bojo do desenvolvimento industrial, notadamente no alvorecer século XIX.

Por exemplo, a promulgação do Decreto de Abertura dos Portos às Nações Amigas, em 28 de janeiro de 1808, pelo então príncipe regente de Portugal dom João de Bragança [dom João VI], atendeu basicamente a dois objetivos: 1] abrir os canais de comércio da colônia com a Inglaterra para que a coroa portuguesa e seu séquito, com aproximadamente dez mil pessoas, pudessem viver com "certa dignidade" nos trópicos; e 2] atender às exigências dos ingleses de acesso às matérias-primas e insumos para sua nascente indústria; exigências cumpridas sem muita resistência de Portugal, já que seus mandatários foram muito favorecidos pela escolta, até o Brasil, realizada pela Marinha de Guerra Britânica, quando fugiam das invasões napoleônicas em toda a península Ibérica. E mais importante: quem naquele momento se disporia a contrariar os interesses internacionais ingleses além da poderosa França e alguns grupos piratas?

Mas o livro de Stein & Stein direciona também nossos olhares à situação presente da estrutura agrária em Alagoas sob a ótica histórica. No final do quarto capítulo, assinalam com propriedade:

> [. . .] é importante frisar que os aspectos sociais da colonização não podem ser separados de sua matriz econômica, e o cerne dessa matriz era constituído pelo privilégio em termos de acesso à propriedade e ocupação, da propriedade das minas, das grandes fazendas, das estâncias de criação de gado, do comércio e da burocracia. Uma sociedade estratificada e hierarquizada significava que apenas um reduzido grupo, interligado

por laços e casamento e parentesco, controlava a riqueza e a renda. O fracasso na diversificação da economia [. . .] indicava as limitações impostas às oportunidades econômicas. Às massas, restava [. . .] o trabalho no campo ou o papel de proletariado urbano.[2]

Diante desse argumento, não podemos desconsiderar, em hipótese alguma, que a formação histórica de Alagoas e sua atual configuração econômica e social têm as marcas indeléveis, até os dias atuais, de nosso processo colonial. Isso é ainda mais marcante na estrutura agrária e propriedade das terras no estado.

No livro *Economia popular: uma via de modernização para Alagoas* [Maceió: Edufal, 2012], de nosso amigo e professor da Ufal, Cícero Péricles de Oliveira Carvalho, consta, entre outras inúmeras e importantes análises, uma visão sumária da estrutura da propriedade de terras em Alagoas, com base no último Censo Agrícola produzido pelo IBGE, em 2006.

Alagoas tem 123.331 estabelecimentos fundiários. Cerca de 101 mil deles alcançam 10 hectares. Com até 1 hectare são 42 mil estabelecimentos. Ao todo, esses pequenos estabelecimentos representam 82% do total e ocupam 226 mil hectares no estado, ou seja, apenas 11% das terras agrícolas.

Por sua vez, as grandes propriedades, com mais de 1.000 hectares, somam 197 unidades, representando apenas 0,1% do total de estabelecimentos fundiários. Entretanto, esses quase 200 estabelecimentos ocupam sozinhos 556 mil hectares, representando 27% de todas as terras agricultáveis do estado e quase o triplo dos pequenos estabelecimentos até 10 hectares.

[2] Stanley J. Stein & Bárbara H. Stein, op. cit., p. 92.

Quadro 1. Estrutura fundiária em Alagoas

Estabelecimentos	% dos estabelecimentos	% da área ocupada
Menor que 1 ha	37,4	1,0
Entre 1 e 10 ha	44,8	10,0
Entre 10 e 100 ha	15,2	25,0
Entre 100 e 1.000 ha	2,5	37,0
Maior que 1.000 ha	0,1	27,0
Total	100,0	100,0

Fonte: IBGE, Censo Agrícola 2006, apud Carvalho [2012, p. 20].

Grosso modo, esses dados indicam que há muita gente em pouco espaço agrícola e muito espaço para pouca gente. Os dados trazidos por Péricles ainda informam que 34 mil unidades fundiárias com até 10 hectares [28% do total], que ocupam 9% da área total agrícola no estado, apresentam relações muito precárias de propriedade como assentados sem titulação definitiva, arrendatário, parceiro, ocupante, meeiro, etc.

Mais de 80% da produção agrícola do estado é composta de cana-de-açúcar, que ocupa boa parte das grandes propriedades fundiárias no estado. Outra parte desses estabelecimentos é destinada, principalmente, à criação de gado, ovinos, caprinos, pastagem e especulação fundiária.

Os pequenos estabelecimentos se responsabilizam pela produção de mandioca, feijão, coco-da-baía, banana, milho e outras poucas culturas. Nesse caso, a agricultura familiar assume importante papel. Aproximadamente 90% dos estabelecimentos agrícolas alagoanos se compõem de agricultores familiares que contribuem com 28% da produção agrícola do estado.

Um importante estudo publicado pelo Ipea em abril de 2014, sob a coordenação e organização do professor Sérgio Schneider [UFRGS] e técnicos do Ipea, Brancolina Ferreira [Disoc/Ipea] e Fábio Alves [Disoc/Ipea], intitulado *Aspectos multidimensionais da agricultura brasileira: diferentes visões do Censo Agropecuário 2006*, traz análises essenciais para a compreensão de nosso mundo rural contemporâneo.[3]

Nesse estudo, destacamos o capítulo "Dimensão e características do público potencial do Grupo B do Pronaf na região Nordeste e no estado de Minas Gerais", escrito por nosso amigo e professor Joacir Aquino [Uern], em parceria com outros estudiosos.[4] De acordo com ele, aproximadamente 50% dos agricultores familiares no Brasil têm renda média anual de R$ 1,5 mil, representando o grosso da pobreza rural do País, de acordo com o Censo Agrícola 2006. No Nordeste, a renda média desses agricultores é de R$ 1.118 mil, sendo a maior registrada em Pernambuco [R$ 1.282], e a menor, em Alagoas [R$ 955].

Com exceção das famílias assentadas em razão do Programa Federal de Reforma Agrária, boa parte dos agricultores com renda média anual abaixo de R$ 1,5 mil, não estavam incluídos no sistema de financiamento rural até 2000. A partir desse ano, essa parcela majoritária dos agricultores familiares foi incorporada ao Programa Nacional de Fortalecimento da Agricultura Familiar [Pronaf] e classificados como Grupo B.

O Nordeste brasileiro possui a maior parcela dos agricultores familiares do Grupo B do País. São 1,5 milhão de estabelecimentos representando 64,8% do total do País. Em Alagoas, o Grupo B abarca 70,4% do total das unidades

---

3 Sérgio Schneider, Brancolina Ferreira & Fábio Alves [orgs.]. *Aspectos multidimensionais da agricultura brasileira: diferentes visões do Censo Agropecuário 2006*. Brasília: Ipea, 2014. Disponível em <http://www.ipea.gov.br/portal/images/stories/PDFs/livros/livros/livro_aspectos_multidimensionais.pdf>.
4 Joacir Rufino Aquino, Guilherme F. W. Radomsky, Gabriela Spohr, Adriana Paola Paredes Peñafiel & Camila W. Radomsky. Dimensão e características do público potencial do Grupo B do Pronaf na região Nordeste e no estado de Minas Gerais. In: Sérgio Schneider, Brancolina Ferreira & Fábio Alves (orgs.). *Aspectos multidimensionais da agricultura brasileira: diferentes visões do Censo Agropecuário 2006*, pp. 77-106. Brasília: Ipea, 2014. Disponível em <http://www.ipea.gov.br/portal/images/stories/PDFs/livros/livros/livro_aspectos_multidimensionais.pdf>.

de tipo familiar [78,6 mil], ocupando 46,3% da área total ocupada pelas famílias no estado [316 mil ha].

Os agricultores familiares enquadrados no Grupo B, os que correspondem à parcela mais pobre da zona rural brasileira, ocupam uma área média de 9,6 hectares no Nordeste. Em Alagoas, a área média ocupada é de apenas 4 hectares, o menor nível entre os estados nordestinos e da média mineira.

Gráfico 1. Área média em hectares dos estabelecimentos do Grupo B do Pronaf nordestino e mineiro [2006]

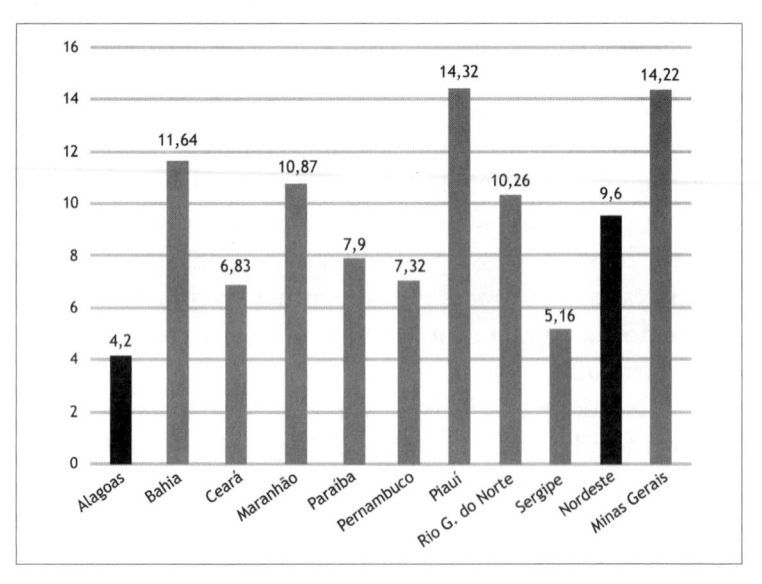

Estado	Área média (ha)
Alagoas	4,2
Bahia	11,64
Ceará	6,83
Maranhão	10,87
Paraíba	7,9
Pernambuco	7,32
Piauí	14,32
Rio G. do Norte	10,26
Sergipe	5,16
Nordeste	9,6
Minas Gerais	14,22

Com isso, podemos destacar que a concentração da propriedade da terra em Alagoas e o baixo rendimento da agricultura familiar contribuem, sensivelmente, para o quadro de pobreza e subdesenvolvimento de nossas estruturas econômicas. Esses problemas, logicamente, não são de hoje, trata-se de heranças de nossa formação histórica colonial e o passado recente de expansão da monocultura da cana-de-açúcar, que tiveram em Alagoas sua mais nítida e cruel experiência.

Alguns de nossos principais problemas urbanos, como a violência, crescimento desordenado do espaço urbano e escassez de oportunidades econômicas, são fruto da intocada estrutura de propriedade rural. Tem razão o eminente geógrafo Manuel Correia de Andrade quando afirmou em seu clássico *A terra e o homem do Nordeste*:

> Estas cidades hoje possuem problemas de estrutura interna de abastecimento, de segurança e de higiene, difíceis de ser corrigidos, e toda a política de desenvolvimento urbano que vem sendo aplicada não pode solucionar esses problemas, porque sua origem está no campo, que permanece intocado, e não nas cidades.[5]

Em razão, portanto, do domínio da monocultura da cana-de-açúcar e a forte concentração de terras, esses problemas são mais acentuados no estado de Alagoas. Isso é bem representado pela sua elevada densidade demográfica de 112,33 habitantes, em média, por quilômetro quadrado. Isso representa o triplo da região nordestina [34,5 hab./km²] e cinco vezes do País [22,43 hab./km²].

Evidente que qualquer proposta de desenvolvimento econômico e social para o estado deve levar em conta esse problema. Os principais são como elevar a área média dos agricultores familiares, incentivá-los a produzir com suporte técnico apropriado, facilidade de acesso ao financiamento rural e garantias de safra. A propósito, 72% de todo o pessoal ocupado na zona rural de Alagoas [mais de 300 mil pessoas] estão na agricultura familiar.

Entretanto, mudanças na estrutura da propriedade da terra em Alagoas, com assentamento de famílias, e maiores incentivos à produção agrícola, tanto para as unidades familiares

---

[5] Manuel Correia de Andrade. *A Terra e o Homem do Nordeste*. São Paulo: Editora Cortez, 2005, p. 245.

como não familiares, são estratégias complexas e equivoca-se quem imagina que depende, exclusivamente, da competência do Governo Estadual. Ademais, essas mudanças levam tempo e muito esforço, exigindo-se, para isso, ambiente adequado e mobilização política que não são tão fáceis de ser alcançados no curto prazo.

Entretanto, apesar do grau de complexidade, alguns aspectos são possíveis. Por exemplo, mudanças na propriedade da terra em Alagoas por meio da reforma agrária é de competência do Governo Federal, promovido pelo Instituto Nacional de Colonização e Reforma Agrária [Incra]. Atualmente, transformações importantes no sistema agrícola alagoano estão acontecendo com a reestruturação e crise do setor sucroalcooleiro.

Por exemplo, boa parte das terras antes ocupadas pela plantação de cana-de-açúcar no lado norte da Zona da Mata está ficando ociosa em razão do fechamento de usinas e a impossibilidade de mecanização da colheita. Nesses espaços, se abrirão possibilidades importantes de realização de uma reestruturação, com apoio e incentivo do Governo Federal, da ocupação territorial e criação de culturas agrícolas que gerem mais emprego e renda para o homem do campo. Trata-se de importante fronteira agrícola no estado que está se descortinando.

Outra fronteira agrícola capaz de contribuir com o desenvolvimento econômico e social de Alagoas são os espaços que estão se abrindo à agricultura familiar e criação de animais ao longo do trajeto do Canal do Sertão. Caso os projetos para essas áreas sejam bem elaborados, a ocupação territorial bem realizada e se privilegiem os pequenos e médios produtores, podemos incrementar, fortemente, a atual e combalida agricultura alagoana.

Por fim, é razoável compreender que o mundo rural é bastante complexo e exige uma multiplicidade de ações para atender principalmente aos produtores mais pobres. Os programas do Brasil sem Miséria e o microcrédito do Pronaf são extremamente importantes, mas insuficientes para aumentar e resolver a pobreza na zona rural alagoana, elevar a produção da agricultura familiar e gerar mais riqueza.

Com isso, queremos dizer que não basta apenas uma redistribuição territorial e ocupação mais racional dos fatores de produção. O desenvolvimento econômico e social no campo, em questão nas Alagoas, requer um esforço político e criativo muito maior do que uma simplista abordagem revolucionária da reforma agrária pode fornecer, apesar da importância de ampliação desse programa no País.

17
PROBLEMAS E POSSIBILIDADES DA ECONOMIA ALAGOANA*

De acordo com os últimos dados consolidados no tocante a valor adicionado, a economia alagoana é, predominantemente, constituída pelos setores de comércio e serviços, cerca de 72% do PIB. A indústria, em geral, representa 21%, e a agricultura, 6,7%. Essa distribuição econômica setorial do estado não difere muito das características das demais economias da região. A agricultura em Alagoas foi o setor que mais reduziu sua participação na geração de riqueza e renda no estado. Esse definhamento é a razão de muitos dos problemas que os principais centros urbanos enfrentam atualmente no estado, a exemplo da explosão da violência, crescimento das moradias irregulares, elevação da densidade demográfica e dificuldades de mobilidade urbana.

Do ponto de vista do desempenho econômico do estado nas últimas décadas, avaliamos em trabalhos científicos já publicados, que a economia alagoana involuiu quando comparamos os indicadores macroeconômicos com os de

---

* Publicado no *site* Cadaminuto em 20 de junho de 2014.

outras economias do Nordeste.[1] Muitas vezes, as aparências não revelam os movimentos que determinam uma dada situação real. Em outros momentos, a própria realidade é enganadora e atrapalha mais que ajuda ao simples observador de se desvencilhar do encantamento de determinado esforço empresarial, do resultado de certo investimento no plano microeconômico ou de alguns discursos bem construídos e floreados de adjetivos otimistas.

Entretanto, uma rápida olhada no desempenho das taxas de crescimento da renda *per capita* alagoana em termos de participação na renda nordestina já revela que nossa economia regrediu nos últimos anos, mesmo apresentando modestas taxas de crescimento. Por exemplo, em 2002, o PIB *per capita* alagoano representava 86,6% da região; em 2010, ele recuou para 82,4% [último dado consolidado das Contas Regionais do IBGE]. Enquanto isso, o Piauí e o Maranhão, economias consideradas mais pobres, saíram de 65,4% e 67,8%, para 74% e 72%, respectivamente, no mesmo período.

Quando observamos a relação do PIB *per capita* alagoano com os demais estados nordestinos, percebemos, muito claramente, que também regredimos em comparação às economias da Bahia, do Ceará, de Pernambuco, do Rio Grande do Norte e da Paraíba, enquanto os estados do Piauí e do Maranhão, daqui a poucos anos, terão a mesma renda *per capita* de Alagoas. Com relação a Sergipe, conseguimos recuperar entre os anos 2009 e 2010, mas ainda continuamos com menos de 70% da riqueza *per capita* do estado vizinho. É importante levar em conta que, demograficamente, nossa taxa de crescimento tem diminuído. Conclusão, a economia alagoana cresce, mas em um ritmo bem mais lento que os demais estados da região e, por isso, tem ficado para trás relativamente.

---

1 Conferir o primeiro capítulo do livro sobre esse argumento.

Mas apesar desse movimento de diminuição de nossa participação na renda do Nordeste, como falamos, a economia alagoana cresceu, com destaque para alguns setores. Esse crescimento econômico não diferiu muito das características do movimento recente de expansão dos setores de comércio, serviços e construção civil que aconteceu em todo o Nordeste nos últimos dez anos. Ele foi determinado, principalmente, *i*] pelas transferências federais por meio dos programas assistenciais, *ii*] crescimento do emprego e da renda, em razão dos investimentos em obras de infraestrutura, *iii*] construção civil voltada para habitação e *iv*] blocos de investimentos industriais, notadamente em Pernambuco, no Ceará e na Bahia. Então, em Alagoas o crescimento de postos de trabalho demonstra que as atividades terciárias e construção civil repetiram a mesma dinâmica regional. Importa reconhecer a grande contribuição do Governo Federal nesse processo.

Podemos eleger alguns grandes obstáculos ao crescimento mais robusto da economia alagoana, como o baixo dinamismo industrial e sua estreita diversificação, a redução extraordinária da participação da agricultura [excluindo-se a plantação de cana-de-açúcar] na formação de riqueza do estado e a concentração da propriedade das terras em nossos limites geográficos, inviabilizando a ampliação da produção e produtividade da agricultura familiar.

Em relação à indústria de transformação, tivemos alguns poucos avanços, com destaque para o desenvolvimento do setor de químico e plástico, admitindo como eixo principal a expansão da empresa Braskem no estado, sobretudo em razão da dinâmica nacional. Entretanto, esse setor gera poucos empregos pelas suas características de intensidade no emprego de tecnologias.

Por sua vez, o setor sucroenergético enfrenta uma de suas mais dramáticas crises, com consequências muito fortes na redução do estoque de empregos formais na indústria de transformação e na geração de riqueza. Em relação a esse último aspecto, com toda certeza os dados das próximas contas regionais aferirão esse movimento.

Assim, em termos gerais, em 2011, a indústria de transformação contava com 106.881 trabalhadores formais; em 2013, reduziu para 93.938, portanto 12,9 mil postos de trabalho fechados. De janeiro a abril do corrente ano, 28,4 mil trabalhadores já foram dispensados. Então, de 2011 ao primeiro quadrimestre de 2014, foram fechados 41 mil postos de trabalho na indústria alagoana. O crescimento da oferta de emprego nos setores terciário e construção civil não tem compensado, nem de longe, essa diminuição, como analisamos no artigo anterior publicado. Nesse sentido, podemos argumentar que vivemos um franco processo de desindustrialização no estado.

As razões para a crise do setor sucroenergético são complexas e vale a pena nos referirmos novamente a elas. Uma conjunção de fatores tem determinado o definhamento desse subsetor, são eles: ineficiência na gestão e dificuldades de sucessão empresarial [Grupo João Lyra]; elevados passivos trabalhistas [impossibilitando o acesso ao crédito]; forte estiagem entre 2012/2013 [afetando sobremaneira a plantação, principalmente os fornecedores que não contam com sistema de irrigação]; reestruturação tecnológica [mecanização da colheita em áreas planas resultando em desemprego em massa]; política federal de sustentação dos preços dos derivados de petróleo [diminuindo a competitividade da produção de álcool etanol]; preços internacionais do açúcar em queda com relação ao excelente nível verificado em 2011 [naquele ano, Alagoas exportou US$ 1,3 bilhão em açúcar — contra US$ 947 milhões em 2010 — e a indústria de transformação — exceto construção civil — cresceu sua participação no PIB de 9,3%, em

2010, para 13,5%, em 2011. Ou seja, as usinas estavam a todo vapor].

Na agricultura, por fim, o definhamento é agudo. Enquanto o Piauí, o Maranhão e Sergipe avançam na agricultura familiar e em grandes projetos agrícolas, gerando emprego e renda, em Alagoas, apesar da pequena área semiárida, a forte concentração de terras e a ausência de uma política estratégica para a agricultura familiar têm provocado forte êxodo rural e perdas de capacidade na produção de alimentos [importamos quase tudo de produtos hortifrutigranjeiros].

Mas existem algumas possibilidades importantes e estratégicas, como ponto de partida, para turbinar o crescimento econômico do estado e recuperar os empregos perdidos.

Com a mecanização da colheita de cana e o fechamento de usinas na região norte do estado, abre-se uma possibilidade muito grande de expansão da área agrícola, principalmente para produção de alimentos e maior participação dos agricultores familiares. Outro aspecto importante nesse setor é o Canal do Sertão, construído para levar água até as imediações de Arapiraca, no Agreste do estado. É preciso uma discussão ampla de como utilizar a água desse canal e estimular atividades agrícolas em seu entorno, apesar de poucas áreas adequadas para plantios. Também, ao longo do rio São Francisco temos muitas possibilidades, mas faltam mais projetos e decisões políticas amplas e amadurecidas para se explorar essa região de forma sustentável.

Do ponto de vista industrial, mesmo com alguns avanços muito específicos, Alagoas, realmente, irá vislumbrar maior diversificação produtiva com decisões políticas estratégicas que conectem o estado nas cadeias industriais que se desenvolvem puxadas pela dinâmica nacional e internacional, como foi feito em Pernambuco, por meio dos investimentos do Governo Federal no polo de Suape. Ademais, é imprescindível elevar o padrão educacional e de qualificação técnica do alagoano, porque nossas elevadas taxas de analfabetismo impossibilitam e muito limitam a atração de novas empresas e a expansão econômica do estado.

É preciso, urgentemente, também, retomar as obras estruturantes no estado, nas áreas de logística e transportes, energia e abastecimento d'água, pois grandes dificuldades nessas áreas comprometem a expansão econômica nas diversas áreas produtivas. Além disso, esses investimentos são extremamente importantes, em curto e médio prazos, para recuperar o nível de empregos formais que estamos perdendo em razão da crise do setor sucroenergético.

18
CINCO PERGUNTAS E RESPOSTAS SOBRE O SUBDESENVOLVIMENTO ALAGOANO*

Por que temos os piores indicadores sociais da Federação?

Esse resultado expressa o quadro de subdesenvolvimento da economia alagoana. Situação essa caracterizada pela baixa capacidade de produtividade de nossa força de trabalho, frágil situação da oferta de bens públicos nas esferas estadual e municipal e, por fim, forte heterogeneidade social, ilustrada pela profunda desigualdade de riqueza e renda no seio da sociedade no estado. Portanto, se esses elementos persistem no estado, mesmo com o grande aporte de recursos e atendimento dos programas federais na última década, tem-se uma visão equivocada sobre o tema desenvolvimento plasmado na política de Estado nos últimos governos.

A educação em Alagoas é um dos problemas mais crônicos e como ele rebate no desenvolvimento do estado?

* Publicado no *site* Cadaminuto em 18 de julho de 2014.

Nesse caso, não estamos isolados de outras partes do País em que os indicadores de educação também são lamentáveis. Mas por que em Alagoas eles conseguem ser piores que nos demais estados? A educação é realmente um dos eixos do desenvolvimento e deve ser tratada com prioridade em uma política de desenvolvimento, não como um acessório necessário para formar pessoas aptas à qualificação para o mercado de trabalho. Falimos nas esferas municipal e estadual na política educacional, pois são essas as duas esferas responsáveis por mais de dois terços da oferta educacional em seus principais níveis. É claro que o Governo Federal tem a sua parcela de responsabilidade no problema, ao tempo em que nos últimos anos centralizou muitos os recursos e transferiu muitas e importantes competências nas áreas sociais, como saúde e educação. Mesmo assim, em Alagoas existe um descaso muito grande, e por muito tempo nessa área, refletindo nos indicadores sociais e econômicos do estado.

De que maneira o Bolsa Família e os demais programas federais têm impactado em Alagoas?

Esse ano de 2014, Alagoas receberá, aproximadamente, 1 bilhão de reais por meio do Bolsa Família. Esse volume foi crescente no estado, onde mais de dois terços da população viviam em situação de pobreza e extrema miséria. Isso faz um efeito seguramente extraordinário na melhoria da renda da maioria da população. Outro elemento importante: quase 80% da população recebe até 3 salários mínimos, o que significa que a recomposição dessa faixa salarial nos últimos anos tem impactado sobremaneira no ganho de renda. Muito mais do que em outras realidades econômicas, em que um percentual maior da população está acima da faixa dos 3 salários mínimos. Também, Alagoas sentiu o peso da ampliação do mercado interno por essas e outras razões, aumentando a geração de empregos e renda nos setores de comércio, serviços e construção civil. Por fim, a criação da categoria de microempreendedores individuais teve impacto muito positivo no estado, e hoje contamos com mais de 50 mil pessoas enquadradas nesse segmento.

O que significa o nível de violência em Alagoas e por que chegamos a esse ponto?

A violência no estado é uma das contrafaces mais cruéis do subdesenvolvimento alagoano. A segurança pública é uma das prioridades do estado, mas sequer contamos com um Plano Estadual de Segurança Pública. Recebemos muitos recursos financeiros do Programa Brasil Mais Seguro nos últimos anos, a Guarda Nacional, equipamentos, etc., mas sem uma estratégia de Estado, um planejamento de longo prazo. O que temos é uma política de Secretaria que é modificada ao sabor do rodízio de seus executivos.

Que agenda prioritária deve ter a próxima gestão governamental?

Tudo em Alagoas é prioridade, pois o aprofundamento de seu subdesenvolvimento tem cobrado um elevado preço à maioria da sociedade. Entretanto, como temos uma crise institucional [de funcionamento do Estado], uma crise social [níveis alarmantes de indicadores e desigualdade] e econômica [dinâmica rastejante e aquém da média regional], o próximo governador terá enormes desafios pela frente, nem todos solucionáveis em sua gestão. Entretanto, é preciso colocar a aeronave corretamente na cabeceira da pista e, com um plano de voo bem definido, elaborado e com participação a mais ampla possível da sociedade, iniciar o trabalho de decolagem. Nesse sentido, o desenvolvimento não pode ser uma categoria ou variável presa à visão economicista de crescimento econômico. Muito pelo contrário, teremos crescimento e desenvolvimento se:

1. o próximo Governo aliar e alinhar prioridades nas áreas de educação, segurança pública e saúde;

2. incentivar os pequenos e médios empreendimentos e atrair empresas de grande porte com base em critérios mais claros e com elevado impacto na geração de empregos, renda e receitas fiscais;

3. investir e melhorar a infraestrutura e logística do estado [fornecimento de energia, água, ampliação e recuperação das malhas rodoviárias e ferroviárias];

4. colaborar com os municípios e prefeituras em políticas de mobilidade urbana e saneamento básico;

5. recuperar a capacidade de produção da agricultura familiar e expandir suas áreas de ocupação desse segmento; e, por fim, uma especial atenção na continuidade do processo de erradicação da miséria no estado.

Essas prioridades, é importante apontar, só podem ser atendidas mediante um esforço ainda maior entre os próximos Governos Estadual e Federal, com a parceria dos municípios do estado.

Parte II
ENSAIOS DE ECONOMIA POLÍTICA CONTEMPORÂNEA

Parte II

19
OS PROTESTOS SOCIAIS E SUAS RAÍZES ECONÔMICAS*

A irrupção e intensidade dos protestos sociais em várias e importantes cidades brasileiras, em plena realização da Copa das Confederações, em 2013, provocaram perplexidades, dúvidas e muitas expectativas na população brasileira, na opinião pública, nacional e estrangeira, e em nossos governantes. Desde as mobilizações políticas pelo *impeachment* do presidente Fernando Collor, o País não assistia a algo parecido. De todos os ângulos e direções, partiram opiniões, análises e reflexões sobre os acontecimentos e suas consequências.

As análises mais apressadas buscavam semelhanças com os movimentos sociais ocorridos em países como Egito, Líbia e Tunísia. Os eventos, por exemplo, na cidade turca de Istambul, em 2013, serviram de referência para os intelectuais pós-modernos concluírem estarmos, definitivamente, no radar das grandes manifestações mundo afora. Pode-se concordar em que instrumentos e meios operacionais de mobilização são semelhantes, mas complicado concluir que as causas, motivações e determinantes são as mesmas, aqui e acolá.

* Publicado no *Jornal dos Economistas* do Conselho Regional de Economia do Rio de Janeiro, n.º 288, junho de 2013.

Certamente, algo de muito estranho acontece com o processo civilizatório brasileiro recente. Desde 2003, nos acostumamos a ouvir vozes, oficiais e não oficiais, falando da exuberância do emprego, do sucesso das ações do governo, do alto grau de satisfação do povo, etc. Essas seriam as razões para o desempenho dos últimos dois pleitos eleitorais do Partido dos Trabalhadores. Não obstante isso, a realidade parece plasmar-se por outras mãos e enxergada por olhos mais vulpinos. É o que pode ser deduzido pelos protestos que explodiram nas ruas das cidades brasileiras até agora, pelos números que indicam um comportamento baixo do PIB *per capita*, nos últimos vinte anos, e a incompletude, ou despedaçamento, dos serviços de saúde, educação e segurança, sem falar da ainda precária infraestrutura da maioria de nossas rodovias, ferrovias, portos, aeroportos, etc. Como explicar esse paradoxo?

Um dos elementos fundamentais é a continuidade do Governo Federal em agir eficiente e disciplinadamente, sobretudo no ordenamento das finanças do Estado, de modo que garanta fluxos regulares de pagamentos de vultosos volumes de juros e amortizações [que nunca amortizam!] aos credores da dívida pública brasileira. Isso é reforçado pelos discursos ideológicos dos homens de negócios e financistas reafirmando a correção dessa política, a defesa apaixonada da ortodoxia fiscal e monetária como medida para a diminuição da vulnerabilidade externa do país.[1] Assim, qualquer alternativa levar-nos-á ao caos, dizem!

De outro modo, os trabalhos voltados para maior conhecimento da realidade brasileira estão se tornando extremamente casuísticos, formais e positivistas. Na academia, em geral, a preocupação é escrever para pontuar no sistema

---

1 Sobre o assunto, ver a mais nova e excelente análise crítica de Reinaldo Gonçalves. *Desenvolvimento às avessas: verdade, má-fé e ilusão no atual modelo brasileiro de desenvolvimento*. Rio de Janeiro: LTC, 2013. Nela, o autor destrincha as características de nosso Modelo Liberal Periférico [MPL].

de avaliação dos cursos de pós-graduação no País. O produtivismo está atravancando a criatividade uma vez que o tempo é premido pela urgência por publicar mais e mais. Da maioria das análises sobre economia brasileira, por exemplo, tem-se a sensação de que nada no País parece muito ruim ou que bastaria mudar de rumo nesse ou naquele aspecto para a obtenção de resultados melhores. Concluem, quase sempre, que as intervenções, na realidade, estão sendo corretas e legítimas, apenas carecendo de pequenos ajustes no campo da gestão, principalmente macroeconômica.

Alguns aspectos podem ser mencionados para se ter uma avaliação crítica mais apurada de alguns problemas estruturais. Por exemplo, apesar de o Sistema Único de Saúde [SUS] ter sido implantado há mais de duas décadas, as reflexões são sempre circulares, com abordagens relativas à forma de implantação neste ou naquele lugar; como se deu o processo de descentralização plena para o município tal ou qual; como foram formados o Conselhos Municipais de Saúde, etc. Na verdade, desde 1988 que o Sistema de Seguridade Social [SS] se encontra muito distante de ofertar serviços de boa qualidade. Os seus três componentes [Previdência Social, Saúde e Assistência Social] têm dificuldades relativas de funcionamento, mas não é por falta de recursos financeiros.

Entre 2008 e 2011, por exemplo, as receitas da Previdência Social cresceram 41,4%, enquanto os benefícios aumentaram em 37,5%, desfazendo, em parte, o mito que temos déficit. Mais importante: o resultado fiscal na SS, no mesmo período, foi de 231,2 bilhões [12,9% do total das receitas do Governo]. Subtraindo 176,5 bilhões da Desvinculação de Recursos da União [DRU], o saldo líquido para o período foi de 54,7 bilhões.[2] Pelo menos no campo da saúde

---

2 Geraldo Medeiros Júnior & Renato Augusto da Silva Alves. Gestão da Seguridade Social e a necessidade do superávit primário: uma análise sobre os resultados de 2011. *Revista Brasileira de Administração Política*, vol. 6, Salvador: Eaufba, abr./2013, pp. 57-69.

os recursos existem, mas eles são exauridos: *i*] pelo superávit primário do Governo Federal, *ii*] pela ineficiência na gestão, *iii*] e pelas redes de corrupção. Assim, quando se investiga sobre os resultados da política pública de saúde, a maioria das análises busca sempre destacar que a implantação do SUS levou ao aumento expressivo no número de atendimentos, particularmente os de média e alta complexidade. As análises nunca respondem como o sistema funciona e em quais condições; como o orçamento é executado, e os recursos, aplicados. Nossos estudos não estão muito preocupados com questões desse tipo, salvo honrosas exceções. Por isso, o bate-boca quando o Programa Mais Médicos foi adotado em 2013, pois ele refletiu a escassez do debate mais qualificado sobre o assunto, principalmente por aqueles que levantaram as suas críticas. A falta de estudos mais estruturais é estendida para outras áreas, a exemplo da educação, da segurança pública, da infraestrutura, etc. Mais preocupante é que o Governo Federal e os órgãos de financiamento estão reféns dessa agenda elaborada por boa parte das universidades, institutos de pesquisa e, principalmente, consultorias.

Desenvolve-se, assim, uma rede analítica de difícil dissolução porque o resultado de um trabalho sempre alimenta outro, com efeitos circulares, estabelecendo "verdades" pouco fundamentadas na realidade, mas consolidadas. Geralmente, tentam "contar uma história, uma narrativa, apontar diagnósticos" com base em um empirismo estatístico modelar, completamente distante da realidade concreta. Por tal razão, Gonçalves [2013, p. viii] afirma que no País "a marcha da insensatez baseia-se na ilusão de que há desempenho apropriado, velocidade adequada, prumo certo e rumo correto", mas "as visões e análises sobre a economia e a sociedade no Brasil são, na maioria, incapazes de fazer a distinção entre pouca verdade, alguma má-fé e, sobretudo, muita ilusão" [p. 2].

Existe uma crença quase generalizada de que ações dos governos funcionam mal em razão da falta ou da insuficiência de recursos; assim, a única forma de consertá-las é aumentando o orçamento de gastos.

Quando eclode uma crise fora do padrão normal da crise permanente na saúde, com óbitos em massa e/ou os corredores servindo de enfermarias em hospitais públicos; na educação, quando se divulga os horrores das estatísticas de desempenho dos alunos da escola pública; e na segurança, quando o crime organizado produz ações sincronizadas da mesma natureza por período longo ou o número de homicídios cresce assustadoramente em várias capitais do País, os nossos governantes municipais, estaduais e federais ecoam, unissonamente, um discurso bastante conhecido: "a tragédia é resultado da falta de recursos".

Nesse sentido, o apelo é para que o Congresso brasileiro e o Tesouro Nacional sejam mais generosos quando da elaboração do orçamento ou nos percentuais de vinculação de recursos às referidas áreas. Invariavelmente, essa pregação é validada pela sociedade não usuária dos serviços públicos,[3] pela mídia e pelos órgãos de controle. Com isso, tanto a inépcia administrativa, quanto a imoralidade dos gestores e gerentes públicos, como a verdade do destino dos recursos públicos ficam todas protegidas.

Ademais, o crescimento exponencial de nossas principais cidades nas últimas três décadas determinou mudanças radicais na paisagem urbana, causando movimentos de ascensão e queda de espaços econômicos e sociais,[4] cabendo

---

3 Diferenciamos a sociedade não usuária porque a parte da sociedade usuária dos serviços públicos [a maioria] sabe muito bem que o problema não está na falta de recursos. É ela que frequenta, diariamente, os postos de saúde, os hospitais, as escolas, as delegacias e as cadeias públicas.

4 Conferir, por exemplo, o documento *Megaeventos e violação dos direitos humanos no Rio de Janeiro*, produzido pelo Comitê Popular da Copa e da Olimpíada do Rio de Janeiro, que denuncia mais um assalto ao espaço urbano em nome dos grandes interesses que envolvem investimentos e negócios privados.

uma reestruturação espacial completa dos equipamentos públicos, bem como a ampliação dos espaços de convivência coletiva. E foi por esse lado que as mobilizações sociais começaram, questionando a falta de direitos à acessibilidade e à mobilidade urbanas.

Quando o povo foi às ruas estava questionando, na verdade, por que os serviços públicos de consumo coletivos oferecidos pelo Estado estão aquém da demanda social e são de péssima qualidade, e para onde estão indo os recursos públicos. Talvez seja por essa razão que o alvo das críticas não seja específico a esse ou aquele governo em particular, se o problema é federal, estadual ou municipal. O questionamento é estrutural, sistêmico. Não é pontual, focal; é bem ao contrário do curto alcance das políticas públicas adotadas no País nos últimos vinte anos.

Por exemplo, enquanto na saúde os resultados nefastos são imediatos e visíveis, no caso da educação, o mau ensino ofertado pelo Estado, nas três esferas de competência, produz efeitos de forma mais lenta, mais suave, pouco perceptível. Neste momento, a sociedade começa a pagar o alto custo perpetrado pela irresponsabilidade na gestão e na gerência dos que vêm conduzindo os nossos destinos nas últimas duas décadas. Os efeitos já são sentidos na nossa tragédia cotidiana, e os protestos sociais representam a rebelião contra esse estado de coisas. O nosso Modelo Liberal Periférico de desenvolvimento está sendo, pela primeira vez, questionado pela sociedade. As mobilizações representam um movimento sistêmico que reivindica uma crítica estrutural legítima e soluções coletivas.

Acessar em <http://www.apublica.org/wp-content/uploads/2012/09/dossic3aa-megaeventos-e-violac3a7c3b5es-dos-direitos-humanos-no-rio-de-janeiro.pdf>.

20
O TEMPO DO BRASIL*

O historiador francês Fernand Braudel tinha uma definição de tempo que extrapolava o conceito físico. No terceiro volume da sua monumental obra *Civilização material, economia e capitalismo* [1996], cujo subtítulo é *O tempo do mundo*, ele conceitua o tempo em três dimensões: cotidiano, conjuntura e estrutura. No tempo do cotidiano, os homens estão mais preocupados com os afazeres do dia a dia; o horizonte do pensamento não ultrapassa muitas semanas e o imediato domina as consciências e ações. No tempo da conjuntura, as reflexões e preocupações humanas se projetam no médio prazo, envolvendo os aspectos ligados à vida social cotidiana, mas também, e principalmente, como os homens podem garantir a sobrevivência, escapando dos infortúnios da vida.

Então, por exemplo, é no tempo da conjuntura que nos preocupamos com as dívidas contraídas para financiar habitações e veículos, as safras agrícolas, o futuro de nossos filhos e netos, o planejamento das cidades, etc. Por fim, o

* Publicado na Revista de Economia Contemporânea, vol. 17, n.º 2, Rio de Janeiro, mai./ago. de 2013.

tempo das estruturas é mais complexo. Além de envolver todos aqueles aspectos, diz respeito às trajetórias históricas de sistemas societais, suas características e contradições, dinâmicas econômica, social e política, os aspectos evolutivos, o nascimento, o apogeu e a decadência de tais sistemas, etc.

Quando pensamos em um país, uma nação ou sistema social e econômico, é claro que refletimos sobre a situação presente, comparando as suas características com outras experiências históricas e contemporâneas. Projetamos para o futuro como deveríamos ser ou não ser, criamos expectativas ou nos conformamos com as nossas impossibilidades.

Esse breve preâmbulo teve por objetivo refletir sobre o futuro da sociedade brasileira e sua economia com base na leitura do mais novo livro de Reinaldo Gonçalves, professor do Instituto de Economia da Universidade Federal do Rio de Janeiro. Com o título *Desenvolvimento às avessas: verdade, má-fé e ilusão no atual modelo brasileiro de desenvolvimento* [Gonçalves, 2013], esse recente trabalho preenche uma lacuna singular na crítica à evolução recente da economia brasileira e ao seu padrão de desenvolvimento. Também, trata-se de uma preocupação com o nosso futuro, como será seu desdobramento se continuarmos na mesma trajetória do presente.

Desde meados da última década do século XX, Gonçalves vem afiando a sua crítica ao modelo neoliberal de desenvolvimento da economia brasileira e apontando as consequências sociais. Entretanto, foi a partir da segunda metade dos anos 2000 que o pessimismo da razão se ampliou. A capitulação do governo do Partido dos Trabalhadores [PT], sob a gestão do presidente Luiz Inácio Lula da Silva, ao bloco de poder e dominação econômica, agora sob a liderança do capital rentista parasitário, despertou em Gonçalves uma "veia" crítica mais radical.[1] Toma-se este substantivo não como sinônimo de sectarismo ou qualquer outra conotação negativa: radical no sentido de buscar, na raiz dos fenômenos e movimentos, a verdadeira essência explicativa de nossas contradições.

Um dos primeiros passos nessa direção foi o lançamento do livro *Economia política internacional: fundamentos teóricos e as relações internacionais do Brasil* [Gonçalves, 2005], no qual o autor sustenta a tese de que o Brasil vem aumentando sua vulnerabilidade externa estrutural nos campos comercial, produtivo real, monetário-financeiro e tecnológico. A elevação da vulnerabilidade externa contribui para um hiato de poder significativo, e no livro são relacionadas variáveis que dizem respeito às potencialidades do País com seu exercício efetivo de poder no plano internacional.

Em outro importante trabalho, escrito dessa vez em parceria com Luiz Filgueiras, professor da Escola de Economia da UFBA, intitulado *A economia política do Governo Lula* [Filgueiras & Gonçalves, 2007], o desempenho do primeiro mandato do governo petista é avaliado em uma perspectiva comparativa com outros governos, reforçando o argumento de que a vulnerabilidade externa estrutural e a inserção passiva no sistema econômico internacional se aprofundaram durante aquele período.

Até então, as análises realizadas das políticas macroeconômicas, do padrão de inserção internacional, da vulnerabilidade externa conjuntural e estrutural e das políticas sociais vinham compondo um quadro mais geral, mas ainda não definido na dimensão do que Braudel chamou de tempo das estruturas.

Esse passo será dado em o *Desenvolvimento às avessas*. Segundo as próprias palavras do autor, o modelo de

---

1 Sobre bloco de poder e dominação no Brasil, ver Filgueiras et al. [2010].

desenvolvimento atual, denominado de Modelo Liberal Periférico [MLP],[2] pós-1995, está às avessas. Para Gonçalves, em termos econômicos, o MLP é marcado pelo: fraco desempenho; crescente vulnerabilidade externa estrutural; transformações estruturais que fragilizam e implicam volta ao passado; e ausência de mudanças ou de reformas que sejam eixos estruturantes do desenvolvimento de longo prazo. Nas dimensões social, ética, institucional e política dessa trajetória, observa-se: invertebramento da sociedade; deterioração do *ethos*; degradação das instituições; e sistema político corrupto e clientelista [2013, p. ii].

Inicialmente, o autor não recomenda o livro aos que gostam de leituras otimistas ou acreditam, cegamente, que estamos no caminho certo. Nesse sentido, certamente para ele, o otimista no Brasil é o pessimista mal-informado. Porém, o que o livro tem de importante? Onde está a diferença dos anteriores já citados? A resposta vem nas próprias palavras do autor: "Desmascarar o jogo de «aparência *versus* essência» ou «alegoria versus enredo» é o objetivo da análise a respeito do passado, presente e futuro do Brasil, particularmente no que se refere ao seu processo de desenvolvimento econômico" [2013, p. 2]. Por isso, o subtítulo do livro: *verdade, má-fé e ilusão no atual modelo brasileiro de desenvolvimento*.

Inspirado em Fernand Braudel, que usou os mesmos substantivos para analisar e desmitificar a importância dos mercados no desenvolvimento capitalista, Gonçalves tem como objetivo central justamente desiludir a sociedade brasileira, mostrar a realidade, descortinar a verdadeira trajetória, o presente e o futuro da economia brasileira. Nesse caso, ele bem que poderia ter citado, também, outro grande crítico da economia política. Marx fez uma observação im-

---

2 O Modelo Liberal Periférico foi originalmente definido por Filgueiras et al. [2010].

portante no início do primeiro capítulo do *18 Brumário-* [1997, p. 21]: "Hegel observa em uma de suas obras que todos os fatos e personagens de grande importância na história do mundo ocorrem, por assim dizer, duas vezes. E esqueceu-se de acrescentar: a primeira como tragédia, a segunda como farsa". Parece que, imbuído desse espírito, Gonçalves analisa a continuidade do desenvolvimento capitalista brasileiro, depois do período nacional desenvolvimentista [1930-1979].

O livro se divide em oito capítulos, incluindo as conclusões. Diferentemente das análises anteriores, nos dois primeiros capítulos são descritas e analisadas a trajetória de desenvolvimento econômico brasileiro e suas respectivas fases. Neles, o autor constrói uma visão global do nosso processo de formação. No primeiro capítulo, são analisadas três fases: Sistema Colonial [1500-1822]; Independência e Economia Agroexportadora Escravista [1822-1889]; e República Velha e a Hegemonia da Cafeicultura [1889-1930]. No segundo capítulo, encontraremos três períodos fundamentais de nossa história recente, responsáveis pelo início, auge e regressão de um sistema econômico capitalista industrializado. Trata-se dos períodos denominados de Era Nacional-Desenvolvimentista [1930-1970]; Crise, Instabilidade e Transição [1980-1994], que analisa a saturação do modelo de substituição de importações, com os abalos e consequências da crise da dívida externa e das políticas de ajustamento estrutural; e Modelo Liberal-Periférico [1995 em diante], quando o País passou a adotar o modelo neoliberal de desenvolvimento e se deu sua inserção na nova ordem internacional.

A contextualização feita por Gonçalves, nos dois primeiros capítulos, é primorosa para dar sentido à análise de longo prazo que deseja realizar a respeito da trajetória do desenvolvimento econômico brasileiro. Mostra que o autor fez um esforço para inserir o conteúdo histórico estruturalista em seu método de análise, algo não muito comum em outros trabalhos já citados.

No capítulo terceiro, conferimos apenas um aperfeiçoamento de sua análise realizada em outros momentos [Filgueiras & Gonçalves, 2007], quando analisou o desempenho de vários indicadores macroeconômicos, fazendo uma comparação entre os períodos históricos e os diversos governos, desde a Velha República.

Os capítulos quatro e cinco representam a espinha dorsal do livro. Neles, encontra-se o fulcro da tese central, qual seja: o Modelo Liberal-Periférico brasileiro é responsável pela regressão econômica do País e não pela continuidade de seu avanço no campo do desenvolvimento econômico e progresso no âmbito das conquistas sociais e coletivas. Apesar de o MLP ter sido adotado a partir de 1995, ele acentuou suas contradições durante o governo petista [2003-2010]. Portanto, ao contrário do período 1930-1970, quando nos reinventamos como nação e saltamos para uma economia industrializada, entramos num período denominado pelo autor de Nacional Desenvolvimentismo às avessas [2013, p. 89].

Especificamente no quarto capítulo, o objetivo é contrapor os argumentos dos principais trabalhos que defendem que o País encontrou seu rumo, adotou uma nova linha favorável ao desenvolvimento econômico, com a conduta do Governo e o desempenho de vários indicadores econômicos, bem como as características da estrutura produtiva, do comércio exterior e a propriedade do capital. Com base numa análise consistente, recheada de indicadores e estatísticas importantes, o resultado é de difícil contestação: durante o governo petista, os problemas estruturais do subdesenvolvimento econômico persistiram e se aprofundaram; tampouco os resultados da política desenvolvimentista às avessas foram muito expressivos, como os verificados durante o período

1930-1979. Pelo contrário, o que se constata são processos inter-relacionados que promovem a desindustrialização, dessubstituição de importações, reprimarização das exportações, maior dependência tecnológica, desnacionalização produtiva, perda de competitividade internacional, maior concentração do capital, dominação financeira dos principais centros de decisão do País e, sobretudo, crescente vulnerabilidade externa estrutural. E é sobre esse último tópico que Gonçalves mostra grande preocupação no quinto capítulo.

Por vulnerabilidade externa, entende o autor a capacidade de um país de resistir ou não a pressões, fatores desestabilizadores e choques externos. Essa vulnerabilidade pode ser tanto conjuntural quanto estrutural. Por exemplo, nossa vulnerabilidade externa conjuntural esteve muito baixa durante o ciclo favorável da economia internacional [2003-2008], quando nossa capacidade de resistência aumentou, refletindo-se numa situação mais favorável pelo lado do balanço de pagamentos. Entretanto, a vulnerabilidade externa estrutural é muito alta, quando se considera a forte deterioração das estruturas produtiva real, comercial, monetário--financeira e tecnológica.

A análise sobre os desequilíbrios de fluxos e estoques, referentes às relações econômicas internacionais do Brasil, é um dos pontos mais importantes do quinto capítulo. Certamente, não encontraremos abordagem semelhante em nenhum dos tradicionais manuais de economia internacional, tampouco na literatura de economia brasileira contemporânea. A conclusão é enfática: "a situação brasileira é ainda mais grave porque o custo do passivo externo para o país é muito maior do que o retorno dos ativos externo do país" [2013, p. 134].

No sexto capítulo, são abordados os custos das reservas internacionais brasileiras. Nele, o autor empreende uma inovadora avaliação dos custos de oportunidade da gestão da acumulação e aplicação das reservas em dólar. É afirmado no texto que a gestão das reservas não obedece, rigorosamente, a um plano estratégico; segue aleatoriamente uma linha de política que acaba trazendo elevados custos cambiais e fiscais. Ademais, ao conceder empréstimos ao Fundo Monetário Internacional [FMI], o País também estaria participando, diretamente, da política de pressão exercida pelo órgão sobre os países atualmente em crise de ajustamento, tanto no âmbito interno quanto externo.

O trabalho reconhece que, durante o Governo Lula, ocorreu uma queda da desigualdade de renda e de pobreza, principalmente no período recente de bonança internacional [2003-2008], fato esse compartilhado pelos demais países da América Latina e Caribe, com exceção de Honduras. Portanto, não foi privilégio somente do Brasil. Porém, o que importa destacar sobre esse ponto do livro é que a distribuição de renda não se deu nos marcos da distribuição funcional da renda; a diferença entre os rendimentos do capital e do trabalho são muito grandes e com tendência a se ampliarem ainda mais. O que na verdade se observa são melhorias na distribuição dos rendimentos dos que vivem de salários.

Outro aspecto importante levantado pelo autor, no sétimo capítulo, é a necessidade do Modelo Liberal-Periférico de construir as condições de governabilidade e legitimidade do poder dos grupos dirigentes, o que somente foi possível com a ampliação das políticas sociais focalizadas, em detrimento da cobertura universal dos direitos. No entanto, ao final dessa parte do livro, Gonçalves alerta que o espaço de ampliação dessas políticas esbarra nas condições de redução da vulnerabilidade externa conjuntural. Por isso, observa-se a enorme fragilidade de se manter a governabilidade e a legitimidade de maneira sustentável pelos grupos que estão no poder, principalmente na região sul-americana.

Nas conclusões, todo o conteúdo do livro é passado em revista, só que de uma maneira contextualizada historicamente, e a crítica é reforçada pelo argumento de que o Modelo Liberal-Periférico constitui uma estratégia de desenvolvimento muito aquém, em resultados, da adotada no período Nacional Desenvolvimentista. Como o leitor terá oportunidade de conferir, os dados e as análises realizadas indicam isso e são eloquentes. Talvez o autor pudesse, também, lembrar que no período JK o modelo de desenvolvimento, que ficou conhecido como Dependente-Associado, foi responsável pela intensificação da desigualdade de renda e riqueza, aumento da vulnerabilidade externa estrutural e abertura econômica irrestrita. Sob a bandeira de "50 anos em 5", o Governo JK inaugurou o processo de dominação de importantes setores da indústria nacional por grupos estrangeiros — com os centros de decisão estratégicos sendo internacionalizados, sem grandes preocupações em transferir tecnologias e/ou seus centros de pesquisa e desenvolvimento para o País.

Entretanto, o que importa na parte final são as preocupações do autor resumidas em quatro grandes temas voltados para importantes reformas estruturais de que necessita o País, quais sejam: reforma no sistema penal brasileiro; reforma no sistema de combate ao abuso do poder econômico; reforma tributária; e reforma política.

O mais novo livro de Reinaldo Gonçalves, portanto, chega num contexto bastante oportuno. As várias e imensas mobilizações e protestos sociais que ganharam as ruas em junho de 2013 demonstram que, em muitos aspectos, o País vai muito mal [Gomes, 2013]. Como certamente o texto de Gonçalves foi escrito antes desses eventos, ele parece antecipar, com uma crítica radical e realista, o que as manifestações populares queriam dizer. Por essa razão, o livro poderá ter uma utilidade seminal ao debate que, de agora em diante, ficará ainda mais febril, pois a população brasileira está despertando politicamente e reconhecendo seus verdadeiros e essenciais problemas estruturais. Depois de tanto nos preocuparmos com o cotidiano e nos ajustarmos às mudanças conjunturais, o momento é mais do que conveniente para refletirmos, profundamente, com o longo prazo, sobre como acontecerão as necessárias transformações estruturais das quais o País precisa, como será o tempo do Brasil.

Referências

BRAUDEL, F. *Civilização material, economia e capitalismo*. São Paulo: Martins Fontes, 1996.
GONÇALVES, R. *Economia política internacional: fundamentos teóricos e as relações internacionais do Brasil*. Rio de Janeiro: Elsevier, 2005.
FILGUEIRAS, L. & GONÇALVES, R. *A economia política do Governo Lula*. Rio de Janeiro: Contraponto, 2007.
FILGUEIRAS, L.; PINHEIRO, B.; PHILIGRET, C. & BALANCO, P. Modelo Liberal Periférico e bloco de poder: política e dinâmica macroeconômica nos Governos Lula. In: CORECON-RJ. *Os anos Lula. Contribuições para um balanço crítico 2003-2010*. Rio de Janeiro: Garamond, 2010, pp. 35-70.
GOMES, F. G. Os protestos sociais e suas raízes econômicas. *Jornal dos Economistas*, Corecon-RJ, n.º 288, jul. 2013.
MARX, K. *18 brumário*. Rio de Janeiro: Paz e Terra, 1997.

21
2014: VINTE ANOS DO PLANO REAL*

Nas salas de aulas das universidades e faculdades brasileiras, os alunos e alunas têm idade média de 22 anos. Isso não é diferente nos cursos de Economia. Um ou outro tem mais do que essa média. Acima de 30 anos, é raridade. Então, o sujeito que já completou três décadas de existência estendia uma das mãos aos pais para atravessar a rua em direção à escola, por exemplo.

De acordo como último censo demográfico do IBGE [2010], o total da população brasileira atingiu pouco mais de 190 milhões de pessoas. Até os 30 anos, são 100,8 milhões. Com trinta anos completos, apenas 3,5 milhões. Isso significa que, atualmente, 53% do total da população do país não sabem ou não conheceram na prática o que foi ou representou o Plano Real e seu desenrolar.

Apenas cerca de um terço da população viveu, verdadeiramente, a experiência do Plano Real. Fora desse universo, um percentual muito pequeno dedicou algum tempo em sua vida a estudar, ler e interpretar artigos sobre o assunto.

---

* Publicado no *site* Cadaminuto em 14 de março de 2014.

Com certeza, a grande maioria das pessoas no País somente ouviu falar ou apenas conhece o Plano Real por causa da moeda que usa. Portanto, trata-se de mais uma página de nossa história recente.

Para começo de conversa, é importante lembrar que, no início da década de 1990, a conjuntura econômica internacional estava muito favorável, com os capitais voltando a circular em maiores volumes pelos mercados, intensificando os fluxos, buscando novos horizontes de rentabilidade e remuneração.

Bem diferente do contexto da década de 1980, quando, encurralados por uma crise de liquidez internacional e uma dívida externa estratosférica, o Brasil tinha grandes dificuldades de realizar pagamentos ao exterior, com sucessivas desvalorizações da moeda nacional e, por consequência, processos inflacionários crônicos.

Com o chamado Plano Brady, proposto pelo governo dos EUA, em 1989, a dívida externa da maioria dos países da América Latina foi reestruturada. Em contrapartida, o Tesouro dos EUA, o FMI e o Banco Mundial e os *policy makers* dessas instituições recomendaram [quando não impuseram mesmo] a adoção de uma agenda de reformas que ficou conhecida como Consenso de Washington.

A conhecida e combatida Área de Livre Comércio das Américas [Alca], projeto estadunidense do final da década de 1980, completava a estratégia, buscando integrar, definitivamente, os mercados locais à economia da América do Norte, com prejuízos fundamentais às soberanias e autonomias nacionais. Felizmente, foi sepultado o projeto por resistência sul-americana.

Depois da experiência malsucedida do governo Collor de Mello em controlar a inflação e com uma taxa de crescimento de −1,3%, entre 1990/92, seu governo chegou ao fim depois de concluído o processo de *impeachment*, em 1992.

Itamar Franco foi conduzido, então, ao posto de *condottiere* do País naquele ano. Por outro lado, o Plano Collor reduziu em mais de 70% a nossa dívida pública em razão das fortes medidas de repressão fiscal e absorção dos ativos financeiros privados.

Entre dezembro de 1992 e maio de 1993, Itamar Franco nomeou três ministros da Fazenda, Gustavo Krause, "O breve", [dezembro], Paulo Haddad [janeiro/março] e Eliseu Resende [março/maio]. Já na gestão do Paulo Haddad, foi preparada uma carta de intenções com diretrizes gerais da política econômica vindoura, descartando qualquer possibilidade de choques ou surpresas que desnorteassem as expectativas dos agentes econômicos. As dificuldades ainda eram imensas e a reestruturação da dívida externa brasileira ainda não tinha sido concluída.

No final de maio de 1993, Fernando Henrique Cardoso [FHC] assume o Ministério da Fazenda em lugar de Eliseu Resende, que não conseguiu reverter a crescente deterioração das expectativas privadas em relação ao Programa de Estabilização Econômica, lançado em 21-4-1993, e o agravamento da situação inflacionária. O mercado aguardava medidas mais ousadas e reformas mais amplas.

Ao assumir a pasta, o novo ministro cercou-se de uma equipe técnica coesa no início, mas que, ao longo do tempo de execução do Plano Real, foi ampliando as divergências internas. O tema do câmbio tornou-se o elemento das discórdias.

Essa equipe foi recrutada na Pontifícia Universidade Católica do Rio de Janeiro [PUC-Rio] e faziam parte dela Edmar Bacha, Pérsio Arida, André Lara Resende, Winston Fritsh e Gustavo Franco. Ela foi responsável pela realização de um diagnóstico sobre a situação da economia brasileira e pela elaboração do Plano Real. Pedro Malan, que viria a ser o ministro da Fazenda, se integraria à equipe em setembro, já como presidente do Banco Central.

O diagnóstico sobre a inflação brasileira reconhecia seu movimento inercial [a inflação passada determina a inflação no presente], em razão dos elementos indexadores da economia, criados entre 1960 e 1970, como corretivos monetários dos preços relativos.

A elaboração do Plano Real baseou-se na proposta de André Lara Resende e Pérsio Arida [Proposta Larida], apresentada em 1984, que indicava ser necessária a simultaneidade da existência de duas moedas: uma contaminada pela inflação e a outra protegida e valorizada, com um processo gradual de substituição até o momento em que os agentes econômicos restabelecessem a confiança na nova moeda. Era preciso, então, recuperar suas três funções básicas: unidade de conta, intermediário de troca e reserva de valor.

Assim, é correto afirmar que o Plano Real foi resultado de longo processo de experiências malsucedidas, por várias razões, mas sobretudo por não contarem com um ambiente internacional mais propício. A filosofia do plano não se restringia apenas à estabilização econômica, mas contava com ampla abertura comercial e financeira e um programa de privatizações de estatais objetivando um ajuste fiscal com redução, bastante profunda, das funções do Estado na sociedade.

Após anunciar o Programa de Estabilização, em dezembro de 1993, e cumprir as etapas preestabelecidas, como *i*] o ajuste fiscal [criação do Plano de Ação Integrada, objetivando a reorganização do setor público], *ii*] a reconstrução da moeda [adoção da Unidade Real de Valor] e *iii*] o lançamento da nova moeda [real], Fernando Henrique Cardoso foi lançado à Presidência da República. Em 30 de junho de 1994, pela Medida Provisória n.º 434, DOU, assinada pelo presidente Itamar Franco [diga-se de passagem], o Plano foi oficialmente anunciado pelo então ministro da Fazenda-Rubens Ricupero, que sucedeu FHC, já em campanha presidencial.

Para estabilizar os preços, restabelecer o poder de compra da moeda nacional, conceder a abertura comercial e financeira, impor um "choque de concorrência" e financiar as importações, os formuladores do Plano não adotaram, exclusivamente, uma meta quantitativa de moeda em circulação, priorizaram a administração da taxa de juros e adoção de um sistema de bandas cambiais prefixadas.

A estabilização monetária foi alcançada muito rapidamente. Com taxas de juros elevadas, importações crescentes e redução dos gastos estatais, a demanda agregada recuou fortemente e, pelo lado da oferta interna, as empresas restringiram, extraordinariamente, suas atividades, com redução de custos e cortes de postos de trabalho.

Apesar de o Plano Real se tornar o mais bem-sucedido programa de estabilização adotado no País, o crescimento econômico não foi alcançado. Podemos dizer que ele teve dois períodos distintos, mas inter-relacionados.

O primeiro foi entre 1994 e 1998, quando a inflação foi controlada à custa do forte endividamento público do Estado brasileiro e do aumento da vulnerabilidade externa do País [forte dependência de capitais estrangeiros]. O segundo momento se estende de 1999 a 2002, quando a economia brasileira passou apresentar taxas muito baixas de crescimento do PIB, elevada fragilidade e restrição fiscal.

Esses ingredientes provocados pela insistente necessidade de manter as taxas de juros elevadas, o câmbio valorizado e a dependência de poupança externa — como principal fonte de financiamento da economia brasileira — levaram o País, entre 1998-1999, a uma de suas piores crises cambiais já registradas na segunda metade do século XX — foi tão terrível, que arrastou a nossa vizinha Argentina para a sua maior crise econômica depois da grande depressão de 1929, quando os mercados internacionais fecharam as portas aos seus produtos e os britânicos bloquearam créditos e saldos de exportações nos bancos da *city* londrina.

Para se ter uma noção, entre 1995 e 2000, o passivo externo brasileiro [soma de todas as dívidas no exterior e os recursos de estrangeiros aqui aplicados ou comprometidos] tinha alcançado US$ 450 bilhões. A crise asiática de 1997 pegou o País de frente em razão das armadilhas montadas pelo Plano Real que aumentaram nossa vulnerabilidade externa. Em 1999, a necessidade de financiamento das contas externas chegou a US$ 73 bilhões, contra US$ 12,3 bilhões, em 1994.

A grave crise cambial brasileira [desvalorização profunda de nossa moeda e dificuldades de honrar compromissos financeiros com o exterior] forçou o *condottiere* do País, FHC, a assumir um acordo com o FMI, sob o endosso do Tesouro dos EUA, subordinando nossa política econômica em troca de um empréstimo de contingência de aproximadamente US$ 50 bilhões para salvar nossas contas externas.

A avaliação da economia brasileira feita pelas agências de *rating* internacionais foi rebaixada, e adotou-se, em troca da ajuda internacional, uma nova agenda de reformas e administração política do País. Daí que se estabeleceram o sistema de metas de inflação, de câmbio flutuante e de superávits primários nas contas do Governo Federal. Além disso, estabeleceu-se o controle dos entes subnacionais, pela Lei de Responsabilidade Fiscal [Lei Complementar n.º 101, de 4-5-2000], que somente veio a reforçar a centralização do poder federativo na instância executiva e que tinha dado um passo importante com a Renegociação das Dívidas Públicas Estaduais [Lei 9.496/1997].

Em razão das primeiras revisões do acordo com o FMI, um memorando de Política Econômica de março de 1999 já insinuava reformas no sistema financeiro público e, nos relatórios de empresas de consultoria, sugeria-se a privatização de instituições federais, como Banco do Brasil e Caixa Econômica Federal.[1]

Como apontado acima, a questão do câmbio valorizado, foi um dos elementos de discórdia entre os membros da equipe técnica do Plano. Em estimulante livro sobre o Plano Real, Maria Clara Prado [ex-assessora do ministro da Fazenda, Pedro Malan] aponta que Pérsio Arida, então presidente do BNDES, ainda na primeira fase de execução do Plano, dirigiu-se ao então diretor do Banco Central e seu futuro presidente, Gustavo Franco, e disse: "Você está maluco! Esse processo de valorização tem que parar".[2]

Ademais, registra-se que o bate-cabeça na equipe econômica era intenso na segunda fase, quando o quadro econômico tinha piorado sensivelmente.

Resistente, "o menino do câmbio", como ficou conhecido Gustavo Franco, levou até as últimas consequências sua religiosa fé na necessidade de uma moeda muito forte, com endosso do ministro da Fazenda, Pedro Malan, e do próprio presidente da República, Fernando Henrique Cardoso, que muitas vezes nem sequer era consultado em várias decisões macroeconômicas importantes.

Por outro lado, outros tucanos, de plumagem também esbelta, eram favoráveis a um ajustamento e desvalorização cambial, como Antônio Kandir [ministro do Planejamento], Bresser-Pereira [ministro da Administração], José Roberto Mendonça de Barros [secretário de Política Econômica], Luiz Carlos Mendonça de Barros [presidente do BNDES] e o próprio José Serra [ministro da Saúde].[3]

Há quem aponte outras hipóteses para a apreciação

---

[1] Maria da Conceição Tavares. Desnacionalização e vulnerabilidade externa. *Folha de S.Paulo*, 3 de dezembro de 2000. Disponível em <http://www1.folha.uol.com.br/fsp/dinheiro/fi0312200013.htm>.

[2] Maria Clara R. M. Prado. *A real história do real*. Rio de Janeiro: Record, 2005.

[3] Fabrício Augusto de Oliveira. *Política econômica, estagnação e crise mundial: Brasil, 1980-2010*. Rio de Janeiro: Beco do Azougue, 2012.

durante tanto tempo da moeda brasileira. Em instigante livro, o jornalista Luis Nassif disseca os bastidores do poder no período FHC e aponta os interesses cruzados entre membros da equipe econômica e instituições do sistema financeiro que se beneficiavam da arbitragem cambial no País.[4] Um desses membros tinha até mesmo atuado como eficiente e flagrante *inside information*, chegando a montar um banco [com o sugestivo nome de Matrix] para praticar corretagem cambial, hábito que se tornou bastante comum entre bancos de investimentos no País.[5]

Entretanto, a vaidade política e o objetivo da reeleição de FHC, como também o pensamento da ortodoxia econômica incrustada dentro do Ministério da Fazenda e Banco Central, impediram ajustes nos eixos centrais do Plano Real, até 1998, e nos conduziram à crise cambial de 1999. A elevada fragilidade fiscal, a vulnerabilidade externa crônica e o baixo crescimento econômico do País já eram sinais claros de que a política de estabilização econômica tinha chegado ao seu limite com altos custos para o País.

Em resumo, nossa chamada "estabilidade dos preços" custou muito alto à nação. Como podemos observar no Quadro 1 adiante, fragilizou fortemente outros elementos da macroeconomia brasileira, provocou um estado de desemprego grave e agravou a situação fiscal do Estado e seus entes subnacionais.[6]

---

4 Luis Nassif. *Os cabeças-de-planilha: como o pensamento econômico da era FHC repetiu os equívocos de Rui Barbosa*. Rio de Janeiro: Ediouro, 2007.

5 Conferir a esclarecedora entrevista concedida por Luis Nassif ao jornalista Paulo Henrique Amorim em <http://www.conversaafiada.com.br/brasil/2013/02/04/fhc-marx-gabeira-e-andre-lara-resende>.

6 Também conferir excelente entrevista do Prof. Wilson Cano, decano do Instituto de Economia da Unicamp ao Instituto Humanitas Unisinos, intitulada "A camisa de força do Estado: neoliberalismo e endividamento". Conferir em <http://www.ihu.unisinos.br/entrevistas/a-camisa-de-forca-do-estado-neoliberalismo-e-endividamento-entrevista-especial-com-wilson-cano/529062-a-camisa-de-forca-do-estado-neoliberalismo-e-endividamento-entrevista-especial-com-wilson-cano>.

No tocante aos índices inflacionários, foi evidente a diminuição, mas pode-se notar que o controle dos preços foi bastante errático. No período 1999-2002, por exemplo, a média foi bastante elevada, ficando a inflação bem acima das taxas registradas mais recentemente. A taxa média de crescimento real do PIB foi muito baixa, apenas 2,3% entre 1995 e 2002, contra 4% entre 2003 e 2010, por exemplo. Em termos *per capita*, o crescimento real foi de 0,79% contra 2,86%, respectivamente.

Enfim, que as novas gerações tomem o gosto pela história para olharem com mais atenção a nossa trajetória civilizatória. Reconhecer os erros e avanços. Saber distinguir criticamente sua situação presente, compará-la com a de seus pais e avós. Melhorar a capacidade de escolha política e o fazer política. Depois de 2002, ingressamos em outro período controverso de nossa outra história econômica, com estreitos laços com o que acabamos de resenhar.

Resumo da ópera em algumas séries de números selecionados.

Quadro 1. Indicadores macroeconômicos selecionados, 1993/2002

Períodos	Saldo em transações correntes (US$ milhões)	Dívida externa total (US$ milhões)	Dívida externa total (% do PIB)	Dívida líquida total do setor público (% do PIB)	Carga tributária bruta (% do PIB)	IPCA	IGP-DI
1993	–0,5	145.726	33,9	29,2	25,3	2.477,15	2.708,39
1994	–1,6	148.295	24,3	30,5	27,9	916,43	909,67
1995	–17,9	159.256	20,7	33,3	28,4	22,41	14,77
1996	–24,3	179.935	21,4	34,3	28,5	9,56	9,33
1997	–33,0	199.998	23,0	41,7	29,3	5,22	7,48
1998	–33,6	241.664	28,6	49,4	31,0	1,66	1,71
Média 1993/98	–18,5	179.146	25,8	36,4	28,4	572,1	608,6
1999	–25,3	241.468	41,2	49,3	30,6	8,94	19,99
2000	–24,2	236.156	36,6	56,5	32,3	5,97	9,8
2001	–23,2	226.067	37,9	52,0	31,9	7,67	10,4
2002	–7,6	227.687	41,8	60,4	32,3	12,53	26,41
Média 1999/02	–20,1	232.845	39,4	54,6	31,8	8,8	16,7

Fonte: Ipeadata, Banco Central do Brasil.

22
A INJUSTIÇA TRIBUTÁRIA NO BRASIL*

A carga tributária no Brasil não tem sido a preocupação central do grosso da população. Geralmente, quem se preocupa com esse tema são empresários, formadores de opinião, profissionais liberais e acadêmicos. Ou seja, uma parcela muito pequena da população. Quase sempre, dentro dessa restrita população, com exceção de poucos, a discussão é enviesada, incorretamente abordada ou ideologicamente tratada.

Uma questão é verdadeira. A comparação entre a oferta dos serviços públicos comparativamente à nossa carga tributária deixa muitos em posição de severas críticas. É importante lembrar que, após a Constituição de 1988, definiram-se, claramente, as competências tributárias e responsabilidades públicas. No campo dos direitos, avançamos muito; já no campo dos deveres, falta muito para que esse condomínio chamado Brasil se estruture de maneira mais equânime.

Metaforicamente, quando moramos em condomínio

---

* Publicado no *site* Cadaminuto em 11 de abril de 2014.

pagamos a taxa condominial para manter despesas, manter segurança e preservar as áreas comuns, por exemplo. Ao mesmo tempo, o documento regimental estabelece os direitos dos moradores e seus deveres. Uma questão chama a atenção: todos os moradores são obrigados a pagar a taxa do condomínio e arcar com outras despesas definidas em assembleias. Se um, dois ou três moradores suspendem os pagamentos, é claro que as despesas vão pesar nos demais "contribuintes" da comunidade habitacional.

É claro que se devem fazer muitas mediações entre o exemplo de um condomínio residencial e uma nação regida por uma Constituição. Mas o exemplo nos é útil para ilustrar o argumento de que a carga tributária no Brasil é muito injusta e seu elevado nível em relação ao PIB se deve à falta de adequada e melhor distribuição dessa carga. Certamente, se os deveres tributários para com esse "condomínio" fossem ampliados, teríamos menor carga tributária e o nosso sistema econômico seria muito menos oneroso e mais competitivo.

No Gráfico 1 adiante, apresentamos a evolução da carga tributária bruta [excluindo as transferências públicas e subsídios governamentais] e verificamos que, desde a estratégia de estabilização macroeconômica, a participação do Governo na cobrança de impostos cresceu. Entre 1994 e 2002, na gestão de Fernando Henrique Cardoso, ela cresceu 30% em comparação ao nível de 1993. No período Lula, avançou 4% em relação ao último ano da gestão anterior [2002], e no governo Dilma expandiu mais 8% em comparação ao ano de 2009. Portanto, no acumulado entre 1993 e 2013, a Carga Tributária Bruta [CTB] no Brasil subiu 45%, com destaque para sua evolução na gestão tucana.

Gráfico 1. Evolução da carga tributária bruta no Brasil como % do PIB, 1993/2013

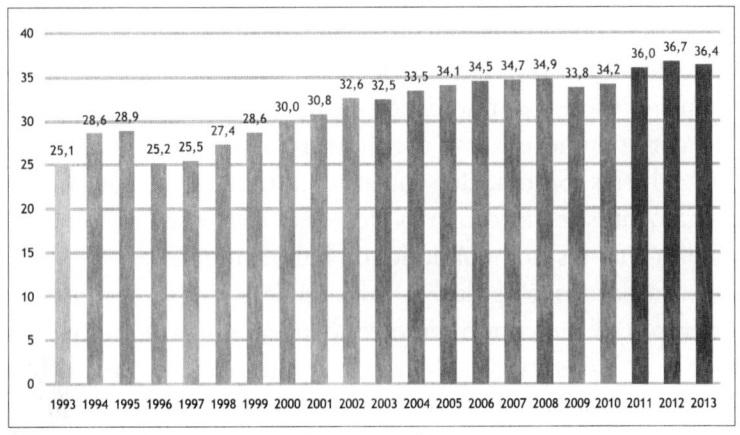

[Gráfico de barras mostrando os valores: 1993: 25,1; 1994: 28,6; 1995: 28,9; 1996: 25,2; 1997: 25,5; 1998: 27,4; 1999: 28,6; 2000: 30,0; 2001: 30,8; 2002: 32,6; 2003: 32,5; 2004: 33,5; 2005: 34,1; 2006: 34,5; 2007: 34,7; 2008: 34,9; 2009: 33,8; 2010: 34,2; 2011: 36,0; 2012: 36,7; 2013: 36,4]

Fonte: Instituto Brasileiro de Planejamento Tributário [IBPT]. Elaboração nossa.

Com base nos últimos dados da Organização para a Cooperação e Desenvolvimento Econômico [OCDE], percebemos que, em 2012, na média, a Carga Tributária Bruta como percentual do PIB foi de 35,5%, tendo Dinamarca com a maior CTB [48%] e o Chile com a menor [20,8%]. O Brasil, nesse quesito, ficou um pouco acima da média, com 36,4% no mesmo ano. Costuma-se dizer que o brasileiro trabalha quase um quarto do ano para pagar impostos sem os retornos necessários na forma de serviços públicos.

Entretanto, em instigante artigo publicado recentemente, Francisco Lopes, sucessor de Gustavo Franco na presidência do Banco Central, na gestão tucana, em 1999, defendeu um argumento bastante importante.[1] Quando descontamos da Carga Tributária Bruta as transferências obrigatórias [seguro-desemprego, aposentadorias e pensões, programas de assistência social] e subsídios [agrícolas, industriais, habitacional, etc.], a carga tributária cai para 19%, em média, no

---

1 Francisco Lafaiete Lopes. On high interest rates in Brazil. *Revista de Economia Política*, vol. 34, n.º 1/134, jan./mar. 2014, pp. 3-14.

período 2005 e 2009. Ainda, quando se excluem os juros da dívida pública, a carga de tributos cai para apenas 14% do PIB. Assim, a chamada Carga Tributária Líquida [CTL = CTB–Transferências+Subsídios] é o conceito mais adequado para medir a participação dos impostos na produção de riqueza no País. Logo, é muito equivocado imaginar que tudo que o Estado arrecada fica exclusivamente para financiar suas despesas.

Gráfico 2. Carga tributária bruta como % do PIB, países da OCDE, 2012

País	%
Dinamarca	48,0
França	45,3
Bélgica	45,3
Itália	44,4
Suécia	44,3
Finlândia	44,1
Áustria	43,2
Noruega	42,2
Hungria	38,9
Luxemburgo	37,8
Alemanha	37,6
Eslovênia	37,4
Islândia	37,2
Brasil	36,4
República Checa	35,5
OCDE-Total (2)	35,5
Reino Unido	35,2
Grécia	33,8
Nova Zelândia	32,9
Espanha	32,9
Estônia	32,5
Portugal	32,5
Israel	31,6
Canadá	30,7
Eslováquia	28,5
Irlanda	28,3
Suíça	28,2
Turquia	27,7
Coreia do Sul	26,8
EUA	24,3
Chile	20,8

Fonte: OCDE. Elaboração nossa.

O estudo de Lopes demonstra, portanto, que nossa carga tributária, além de não ser alta, carrega um equívoco no discurso e nos argumentos de que os recursos arrecadados não retornam à sociedade como deveriam. A questão é justamente a existência de um conflito distributivo, principalmente entre rentistas [os que vivem de juros da dívida pública], as políticas sociais e os agentes econômicos subsidiados [setores da indústria, agronegócio, etc.]. Logo, a questão é política, e nesse jogo ganha quem tem maior poder de barganha e influência [conferir página 7 do referido artigo].

Apesar, porém, dessa constatação do trabalho de Lopes, ninguém discorda que nossa estrutura tributária é complexa, burocrática e atrapalha mais que ajuda a iniciativa empresarial.

Por outro lado, apesar de reconhecer que a CTB não é alta quando levamos em conta as transferências sociais e voluntárias [digamos], é preciso esclarecer que ela é injusta porque sua distribuição não integra importantes setores da economia e determinados agentes no que se refere a deveres fiscais.

Conforme o Sindicato Nacional dos Auditores Fiscais da Receita Federal do Brasil, 52% do total de impostos que pagamos são cobrados no ato de consumo [ICMS, ISS, IPI, PIS e Cofins]; 28%, sobre a renda; e 20%, outras formas de cobrança. Para os países que compõem a OCDE, a carga tributária está distribuída em 33% sobre o consumo, 33% a partir da renda e 34% para outras formas de arrecadação. Essa simples divisão já demonstra, em geral, a nossa injustiça tributária. Quem paga mais impostos no País são os que mais gastam em proporção da renda com bens de consumo, pois o peso dos impostos é muito maior sobre eles.

A distorção está justamente em concentrar nossos esforços de arrecadação sobre consumo. Em relação ao imposto sobre a renda, sabemos que as alíquotas acabam penalizando as faixas de renda médias e baixas. Por outro lado, a defasagem na tabela do Imposto de Renda penaliza as famílias de renda média que têm de arcar com uma série de despesas que pesam, sobremaneira, no seu orçamento. Quanto menor a renda, mais se gasta em consumo, por consequência, mais em impostos proporcionalmente à renda.

Enquanto isso, as famílias ricas no País, por terem, geralmente, folgas orçamentárias, não sofrem tanto essa defasagem. Além disso, elas têm outras fontes de renda que escapam à tributação, como a isenção de Imposto de Renda sobre a distribuição de lucros e dividendos. A alíquota máxima do Imposto de Renda no Brasil é de 27,5%, ao passo que nos EUA alcança 55,9%.

Ainda, ao contrário de outros países com carga tributária mais baixa, no Brasil não contamos com o Imposto sobre Grandes Fortunas [IGF] e sobre os juros do capital próprio. O projeto do IGF se encontra paralisado há anos no Congresso Nacional. Ele foi estabelecido na Constituição de 1988 como de competência da União, mas demanda lei complementar para sua implementação.

O Imposto Territorial Rural [ITR] em país de dimensões continentais do nosso e grande concentração de terra correspondeu apenas a 0,04% da arrecadação total de impostos em 2011. O imposto sobre herança, o chamado Imposto de Transmissão de Causa Mortis e Doações [ITCD], significou apenas 0,2% da receita fiscal total em 2010. Nos EUA, a alíquota sobre herança alcança até 50% e estimula a meritocracia, e combate a produção de gerações ricas, mas insolentes e ociosas.

As distorções e resistências em atualizar os valores do IPTU, adequando as condições atuais de valorização e desvalorização dos espaços urbanos e tipos de construção, também é outro elemento de perda de capacidade arrecadatória. Por sua vez, não se cobra IPVA sobre embarcações e aeronaves, mesmo considerando que possuímos a segunda maior frota de helicópteros e aeronaves executivas do mundo.[2]

Apenas para comparação, enquanto os impostos sobre o patrimônio no Brasil não passam de 1% do PIB, conforme

---

2 Fábio Galizia Ribeiro de Campos. IPVA: ampliar a base de incidência para maior justiça tributária. *Revista Tributação em Revista*, ano 19, vol. 64, jan./jun. 2013, pp. 18-23.

dados da OCDE para 2012, na Itália e no Japão é de 2,7%; Coreia do Sul, 2,8%; EUA, 3%; Canadá, 3,3%; França, 3,9%. Resultado, como a carga fiscal é mal distribuída no Brasil e parcelas importantes das famílias com alto padrão de riqueza contribuem muito pouco, sem comentar a sonegação fiscal, nossa arrecadação fiscal *per capita* é uma das menores do mundo, conforme o Gráfico 3 demonstra. Por exemplo, apesar de os EUA terem uma Carga Tributária Bruta que corresponde a 24,3% do seu PIB, a receita fiscal *per capita* é de R$ 1.988. Enquanto isso, no Brasil, nossa CTB é de 36,4% do PIB, mas a receita *per capita* é de apenas R$ 657.

Gráfico 3. Carga tributária *per capita*/mês [R$], países selecionados

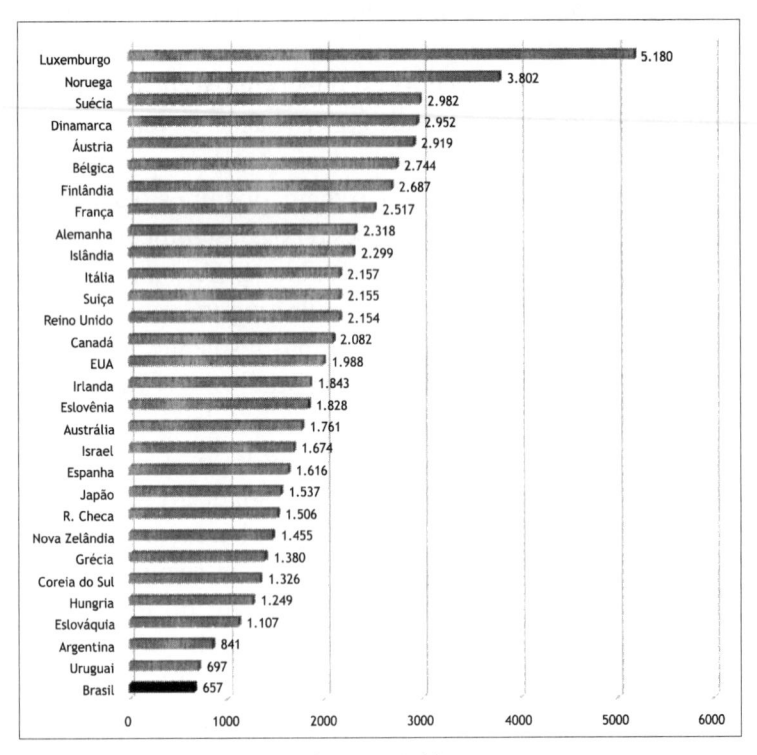

Luxemburgo	5.180
Noruega	3.802
Suécia	2.982
Dinamarca	2.952
Áustria	2.919
Bélgica	2.744
Finlândia	2.687
França	2.517
Alemanha	2.318
Islândia	2.299
Itália	2.157
Suíça	2.155
Reino Unido	2.154
Canadá	2.082
EUA	1.988
Irlanda	1.843
Eslovênia	1.828
Austrália	1.761
Israel	1.674
Espanha	1.616
Japão	1.537
R. Checa	1.506
Nova Zelândia	1.455
Grécia	1.380
Coreia do Sul	1.326
Hungria	1.249
Eslováquia	1.107
Argentina	841
Uruguai	697
Brasil	657

Fonte: Instituto Brasileiro de Planejamento Tributário [IBPT]. Elaboração nossa.

Certamente, se mais contribuintes fossem integrados ao sistema, e os tributos e impostos sobre o patrimônio [riqueza], a renda e os ganhos de capital fossem elevados, teríamos condições de elevar a receita fiscal *per capita* com diminuição da Carga Tributária Bruta. Portanto, em um "condomínio" no qual a base tributária não é alargada, a maioria da população brasileira tem de arcar com o ônus fiscal, sobretudo os mais pobres, a classe média e os pequenos e médios empresários.

23
DESENVOLVIMENTO SEM SACRIFÍCIOS*

O ano era 1962, aproximavam-se as eleições do final. para renovação do Congresso Nacional e escolha dos governadores. A discussão entre o modelo político e gestão era acirrada entre os defensores do parlamentarismo e os do presidencialismo.

João Goulart preocupava-se em restaurar o presidencialismo. A direita no Ppaís se organizou em torno da criação do Instituto Brasileiro de Ação Democrática [Ibad], que tinha a função de aglutinar recursos para financiar a campanha de candidatos reacionários.

Celso Furtado, ministro do Planejamento do Governo Goulart, despachava continuamente com o presidente. Defendia com ardor a necessidade das reformas de base no País, acreditando que a crise das instituições, naquele contexto, poderia ser uma ótima oportunidade para apresentar um programa mais consistente de reformas estruturais, principalmente se contasse com a defesa de líderes progressistas.

* Publicado no *site* Cadaminuto em 15 de maio de 2014.

O quadro institucional era muito precário. As reinvindicações políticas partiam de todos os lugares. O quadro de pessimismo era pintado com todas as cores e ameaçava as instituições democráticas, que já se encontravam em estado de convalescência, desde a renúncia de Jânio Quadros, em agosto de 1961. As correntes mais conservadoras e retrógradas se fortaleciam no intuito de conspirar contra o Governo João Goulart, tido como popular, herdeiro de Getúlio Vargas, de espírito nacionalista e desenvolvimentista, e muito inclinado às reivindicações sociais e trabalhistas.

Furtado sugeriu a Goulart uma reunião com os principais líderes progressistas para que, por sua vez, dialogassem com os candidatos ao parlamento. O objetivo era conscientizá-los para as necessidades das reformas de base e as ameaças à ordem democrática, até mesmo impedimentos que poderiam surgir ao acesso dos recém-eleitos ao Congresso, para exercerem plenamente seus respectivos mandatos.

Coube a Furtado redigir um manifesto chamando a atenção às ideias essenciais sobre as reformas e o delicado contexto político e institucional. O objetivo era construir consensos em torno de um compromisso com as mudanças e necessidades de avanços de que o País tanto precisava para superar algumas barreiras do subdesenvolvimento. Destaco um dos trechos desse manifesto entregue a Goulart na época:

> [...] o desenvolvimento acarretou injustiças sociais cada vez mais flagrantes. Para justificar tal situação, criou-se a falácia de que o desenvolvimento sempre exige "sacrifício" da população. O verdadeiro sacrifício, quem exige é a estagnação, como sabem as populações do Nordeste e das outras regiões marginais do País. Somente existe sacrifício no desenvolvimento

quando seus frutos não são partilhados com todos aqueles que deram a sua cota de esforço. No Brasil, país em que os preços dos produtos de consumo básico crescem mais do que os de objeto de luxo, e os ricos pagam relativamente menos impostos do que os pobres, o sacrifício é real.[1]

Essa assertiva é muito apropriada para refletirmos sobre as nossas condições econômicas atuais. Não tenho dúvidas de que as injustiças sociais no País ainda são profundas, mas elas, pela primeira vez, sofreram uma inflexão nos últimos anos. O acesso aos bens básicos através da expansão do consumo de massa é perceptível em todos os lugares por onde andamos. No interior do Nordeste, então, isso é facilmente observado.

Os empresários dos setores de comércio e serviços têm muitas queixas justificadas contra nosso complexo e injusto sistema tributário, contra o crescimento da violência urbana, sobretudo roubos e assaltos nos principais centros comerciais das cidades, a falta de mão de obra qualificada, etc. Mas não podem se queixar, de maneira alguma, da expansão na última década do volume de vendas e receitas das respectivas empresas, quadro bem diferente da estagnação e do baixo crescimento verificados nas décadas de 1980-1990. O Gráfico 1 adiante é uma prova desse dinamismo que permitiu o surgimento de vários pequenos e médios empresários, o crescimento da riqueza de outros tantos e a consolidação dos mais empreendedores e inovadores.

---

[1] Celso Furtado. *A fantasia desfeita*. Rio de Janeiro: Paz e Terra, 1997, p. 227.

Gráfico 1. Volume de venda e receita nominal do comércio varejista, índice de dezembro [2011=100]

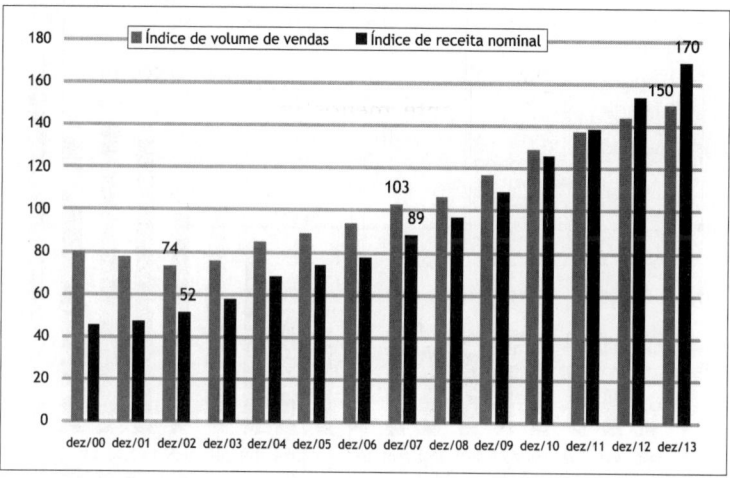

Período	Índice de volume de vendas	Índice de receita nominal
dez/00	80	46
dez/01	78	47
dez/02	74	52
dez/03	76	57
dez/04	84	67
dez/05	87	73
dez/06	92	77
dez/07	103	89
dez/08	105	95
dez/09	115	107
dez/10	127	124
dez/11	137	136
dez/12	141	150
dez/13	148	170

Fonte: IBGE, Sidra/Pesquisa Mensal do Comércio. Elaboração própria.

O sacrifício atual da grande maioria da população não se concentra, necessariamente, na falta de acesso aos bens de consumo, mas na acessibilidade dos bens públicos essenciais. Bens esses que sofreram brutal sucatamento nas últimas três décadas no País. Nossos combalidos sistemas públicos de saúde, educação, segurança e transporte, agora, estão sob pressão em virtude do crescimento acelerado das demandas da sociedade. Demandas que se ampliaram também porque os estratos inferiores puderam melhorar com a expansão da renda, medida pelo seu conceito *per capita*. No Gráfico 2 registra-se o crescimento da renda *per capita* de maneira extraordinária, passando de R$ 14 mil para R$ 24 mil, entre 1995 e 2012, com especial aceleração depois de 2006.

Gráfico 2. Evolução da renda per capita no Brasil [R$ 1.000 de 2012]

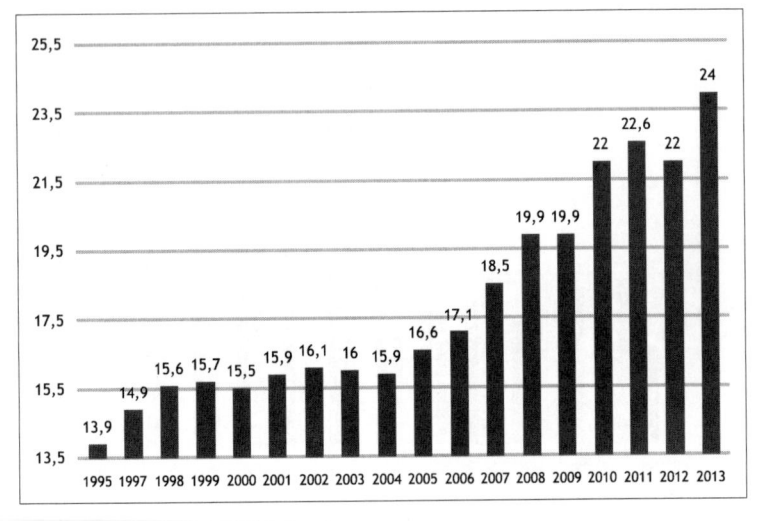

Ano	Valor
1995	13,9
1997	14,9
1998	15,6
1999	15,7
2000	15,5
2001	15,9
2002	16,1
2003	16
2004	15,9
2005	16,6
2006	17,1
2007	18,5
2008	19,9
2009	19,9
2010	22
2011	22,6
2012	22
2013	24

Fonte: IBGE/SCN. Elaboração própria.

É óbvio que esse movimento de ascensão provoca tensões e conflitos no seio das classes médias tão acostumadas, historicamente, a utilizar os serviços públicos [não necessariamente estatais] isoladamente. Agora, têm de compartilhar aeroportos, hospitais, estradas, restaurantes, *shoppings*, etc. com os recém-chegados aos asfaltos oriundos dos chamados aglomerados subnormais [termo sofisticado usado pelo IBGE para conceituar as favelas, grotas, etc.]. Quanto às classes de elevada riqueza nesse contexto, essas não têm do que reclamar, pois estão desterritorializadas há muito tempo [para utilizar um termo bastante usual do filósofo e sociólogo Zygmunt Bauman] e desfrutam dos elevados padrões de consumo à disposição nos principais centros ricos do capitalismo global.

Apesar das dificuldades impostas pelas principais variáveis macroeconômicas como o elevado custo financeiro de rolagem de dívida pública sobre o orçamento da União, pelo câmbio apreciado, pelos elevados juros, baixa capacidade de investimento do Estado, etc., a situação econômica do país é bem mais favorável que a apresentada pelas principais economias do mundo, com exceção da China. Ninguém em sã consciência pode comparar o nosso padrão e qualidade de vida com os EUA e a Europa. Mas pode argumentar, sem titubear, sobre a destruição do que restava do Estado de Bem-Estar Social europeu [*Welfare State*] nas últimas décadas, que foi justamente responsável pelo padrão de vida de boa parte da sociedade ocidental do velho continente. Também pode demonstrar o processo avassalador de crescimento da desigualdade de renda nos EUA, ameaçando alguns dos principais pilares de sustentação do país como nação, como a ordem democrática e a influência da classe média no conjunto de suas instituições.

Nossos problemas estruturais, como dependência tecnológica e científica, forte concentração da pauta exportadora, elevado nível do passivo externo [compromissos financeiros e dívidas com o exterior] e encolhimento do setor industrial, são desafios que podem tornar-se oportunidades fantásticas se bem formulado um verdadeiro projeto de desenvolvimento nacional. Esses principais obstáculos, tanto de ordem conjuntural como estrutural, somente podem ser superados com um esforço coletivo de construção, com as forças mais progressistas do nosso País liderando as alianças hegemônicas, pois devemos preservar o caráter democrático dentro da ordem capitalista.

Como no passado mais recente, o desenvolvimento não deve ser associado ao sacrifício da população, como defendem alguns economistas que sugerem políticas impopulares para a continuidade do nosso modelo de desenvolvimento liberal-periférico, para usar um outro termo muito apropriado e desenvolvido pelos economistas Luís Filgueiras et al. [Ufba] e Reinaldo Gonçalves [UFRJ].²

A "falácia de que o desenvolvimento sempre exige «sacrifício» da população", conforme apontado por Furtado na década de 1960, volta com muita força quatro décadas após. É preciso reforçar a crítica responsável, exigir mais de onde paramos, avançar nas conquistas sociais e na redução da desigualdade de renda, combater a injustiça tributária, desvencilhar a política macroeconômica das armadilhas dos juros altos, câmbio valorizado e superávit primário, e elevar os investimentos estatais como indutores dos investimentos privados, sobretudo nas áreas essenciais que foram alvos dos protestos sociais no ano de 2013, expandindo, sobremaneira, os serviços públicos. É preciso e possível desenvolver o Brasil sem causar tantos sacrifícios, principalmente aos mais vulneráveis, que compõem a grande maioria da população do nosso País.

---

2 Reinaldo Gonçalves. *Desenvolvimento às avessas: verdade, má-fé e ilusão no atual modelo brasileiro de desenvolvimento*. Rio de Janeiro: LTC, 2013. Luís Filgueiras et al. Modelo liberal periférico e bloco de poder: política e dinâmica macroeconômica nos governos Lula. In: Corecon-RJ. *Os anos Lula. Contribuições para um balanço crítico 2003-2010*. Rio de Janeiro: Garamond, 2010, pp. 35-70.

24
ESTADO, ECONOMIA
E ELEIÇÕES*

As mobilizações de junho de 2013 tiveram seus efeitos. Chamou a atenção do Brasil em geral para vários problemas estruturais. Problemas esses que a maioria absoluta da população enxerga no dia a dia, principalmente, no funcionamento [ou não] dos serviços públicos nas três esferas governamentais: federal, estadual e municipal.

O indivíduo comum dificilmente consegue escapar das agruras que os problemas cotidianos o aprisionam. A maioria faltou-lhe tempo ou oportunidades de estudo para que pudesse alcançar melhor situação na escada social e econômica; falta-lhe tempo para oxigenar sua consciência, tomada pelas preocupações com as contas que têm de pagar, a competição no emprego, problemas com a saúde, sem contar a força da grande mídia lhe empanturrando notícias sensacionalistas, etc. Outros tantos romperam com a barreira da ignorância educacional, mergulhando no mundo específico das muitas especialidades profissionais. Situação característica de uma sociedade que convive com o aprofundamento da

* Publicado no *site* Cadaminuto em 9 de maio de 2014.

da divisão social do trabalho e imprime uma lógica de valorização do individualismo. Esses últimos, mais esclarecidos, infelizmente não conseguem visualizar a sociedade de forma mais sistêmica, fazer as relações entre os problemas particulares e os gerais, compreender melhor o funcionamento de nossas estruturas.

Os problemas estruturais brasileiros dizem respeito, e muito, às condições de nosso subdesenvolvimento periférico. Somos um capitalismo subdesenvolvido, forjado no século XX com amplo apoio e participação do Estado brasileiro, no contexto de uma conjunção de forças, políticas e econômicas, no exercício da hegemonia pelos setores industriais e modernas e ricas classes urbanas. Esses interesses dominavam e submetiam aos seus as tradicionais oligarquias agrárias, que comandaram o País durante o regime primário exportador. Claro que essa submissão era mais formal do que prática, pois fazia parte de um grande pacto por cima, sem a participação das camadas mais populares do País. Existiam algumas poucas e estreitas fendas pelas quais uma ou outra facção da classe média brasileira era autorizada a entrar, entretanto com limitadas possibilidades de influência no jogo de poder nacional.

O que ficou conhecido como Nacional-Desenvolvimentismo, que vigorou entre 1930 e 1979, caracterizou-se como um modelo de desenvolvimento econômico em que os capitães da indústria, estrangeira e nacional, comandaram o processo de transformação da realidade produtiva do País. Como falamos acima, isso não poderia ter alcançado relativo êxito sem a participação direta do Estado brasileiro, apoiando fortemente a expansão industrial, seja com subsídios fiscais, seja com concessão de créditos e financiamentos, participando diretamente na produção de bens industriais e intermediários, responsabilizando-se por determinados serviços, ofertando infraestrutura e logística necessárias e com suas instituições ministeriais e autarquias criadas no bojo da política varguista.

Esse modelo deu sinais de esgotamento na década de 1960. O golpe militar, em 1964, emergiu com o objetivo estrito de colocar ordem na casa que estava em plena efervescência, porque os avanços e conquistas econômicas não se traduziam em direitos sociais e oportunidades de bem-estar. Mas a *débâcle* do modelo Nacional-Desenvolvimentista somente ocorreria no início da década de 1980, com a crise da dívida externa dos países do Terceiro Mundo [expressão usual da época].

Os anos 1980 foram de depuração e de várias tentativas de estabilização do cenário econômico interno, conturbado fortemente pela variante internacional. Em ação no País, no decorrer das várias negociações de acordos com FMI e Banco Mundial, o chamado Programa de Ajustamento Estrutural [PAE] envolvendo mudanças institucionais importantes no plano da ação do Estado brasileiro. Entretanto, ainda resistiam funções estatais muito estratégicas objetivando assegurar os ganhos econômicos produtivos e, principalmente, rentistas dos principais grupos e agentes econômicos do País, lhes "salvando" do baixo crescimento econômico crônico e das taxas elevadas de inflação. O desmonte das estruturas do Estado brasileiro já estava em curso durante esse período.

Como uma das tábuas de "salvação", as finanças públicas foram comprometidas no momento da estatização da dívida externa privada, principalmente a partir de 1983, fazendo crescer, enormemente, a participação estatal no estoque de dívidas contraídas nos organismos internacionais e bancos estrangeiros.

Outro aspecto que combaliu as finanças públicas do Estado foi a expansão da dívida pública interna, alimentada pela aquisição dos saldos exportadores, movimento que promovia as operações de *overnight*, ou seja, operações de curtíssimo prazo com títulos públicos comercializados pelo Banco Central, com o intuito de retirar o excesso de dinheiro em circulação do sistema econômico para não causar ainda mais inflação.

Por sua vez, as empresas estatais foram usadas largamente para controlar preços e subsidiar demais setores econômicos privados, fornecendo bens e serviços para reduzir-lhes os custos de produção, etc. Ou seja, a máquina estatal, na década de 1980, mais uma vez, assumiu seu desiderato em conduzir adiante o capitalismo subdesenvolvido brasileiro, resolver suas contradições e proteger-lhe nas vicissitudes, bruscas e profundas mudanças da economia internacional.

A partir da década de 1990, entramos numa nova fase das determinações nas relações umbilicais entre Estado, economia e sociedade no Brasil. É importante frisar que o Estado como instituição não é uma cabeça separada do corpo, da sociedade, como nos alertou um pensador do século XIX, que muito amedronta, ainda, o pensamento social conservador e reacionário. Ou seja, o Estado não existe sem a sociedade e vice-versa, principalmente no capitalismo contemporâneo. Essa relação é ontológica e as modificações ocorrem nas determinações organizacionais e em suas funções. Portanto, o Estado não é um elemento externo à sociedade como desejam, em seus modelos de economia pura, os integrantes da ciência considerada triste [Economia], na compreensão de Thomas Carlyle historiador escocês do século XIX.

Retornando ao ponto, desde a década de 1990 que o Estado brasileiro, assim como no período 1930-1979 e na década de 1980, assumiu novas funções e modelos organizacionais no contexto de uma nova ordem econômica internacional de desenvolvimento das forças capitalistas. No âmbito interno a cada país, essas funções se estruturam baseadas nas especificidades sociais, políticas e econômicas das relações de poder e interesses momentâneos.

Dois recentes e breves artigos tocam no âmago da questão das relações entre o Estado e os interesses econômicos, dentro do movimento de acumulação de riqueza capitalista contemporânea com prevalência das formas rentistas.

Destacamos, primeiramente, o comentário ao pronunciado livro *O capital no século XXI* de Thomas Piketty, feito por Pedro Rossi, professor do Instituto de Economia da Unicamp, em artigo publicado no *Jornal do Brasil* sob o título "O capital fictício no século XXI."[1] Nesse artigo, Rossi aborda, sinteticamente, como a riqueza tem crescido com base na expansão das operações financeiras assentadas, principalmente, no direito contratual dos fluxos de rendas futuros permitidos pelo endividamento de determinados agentes econômicos.

Os fluxos de renda oriundos de relações financeiras contratuais são avaliados, permanentemente, pelos mercados financeiros, com base em alguns critérios sobre os riscos, solvência, taxas de juros, etc. Conforme Rossi aponta, a partir da leitura do livro de Piketty, a renda e a riqueza nos países centrais têm crescido, extraordinariamente, a partir do momento em que os mercados de securitização e derivativos de produtos financeiros se desenvolveram. Isso promoveu um ambiente econômico propício à criação de novas fronteiras de acumulação de capital na forma meramente fictícia, sem correspondência necessária com a criação de riqueza em bases materiais. Sobre esse movimento, existe toda uma literatura crítica, nacional e estrangeira, bastante sólida e abrangente.

No Gráfico 1, adiante, Rossi nos apresenta o descolamento da criação de riqueza, na forma financeira, da pro-

[1] Para ler o artigo, acessar o *link* <http://www.jb.com.br/pedro-rossi/noticias/2014/05/02/o-capital-ficticio-no-seculo-xxi/>.

dução real nos Estados Unidos. Enquanto o PIB se aproximou dos US$ 16 trilhões em 2012, o valor dos ativos financeiros nas mãos das famílias norte-americanas cresceu extraordinariamente nas últimas quatro décadas, alcançando a casa dos US$ 60 trilhões. Não é por outra razão que em seu mais recente livro, Joseph Stiglitz argumenta que toda decisão pública, da condução da política monetária à alocação das verbas orçamentária, é fortemente influenciada pela desigualdade extrema de riqueza.[2] Mesmo com a crise financeira de 2007-2009, Wall Street, centro financeiro dos EUA e do mundo, continua influenciando diretamente os destinos do país e seus principais *loci* de poder econômico. Essa situação, segundo Stiglitz, está minando a democracia norte-americana.

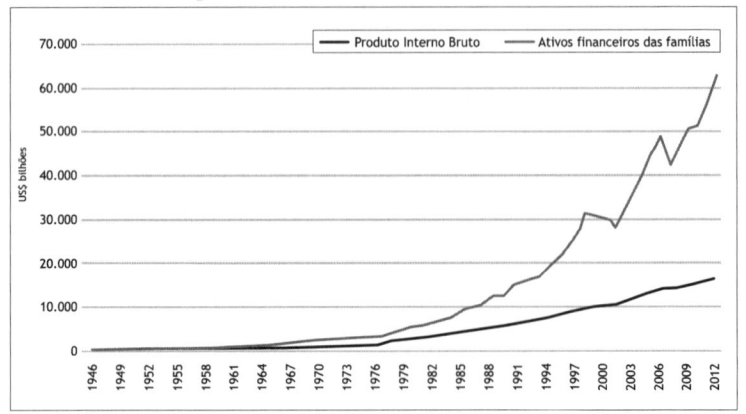

Gráfico 1. PIB e riqueza financeira nos EUA

O movimento de criação de riquezas de maneira financeira fictícia acontece também no Brasil, notadamente a partir da década de 1990. Alguns importantes economistas ligados ao campo da oposição ao atual governo [Dilma Rousseff] tem reforçado o coro na defesa dos "bons princí-

---

2 Joseph Stiglitz. *O preço da desigualdade*. Portugal: Bertrand, 2013.

pios da macroeconomia", que enaltecem o compromisso rigoroso com a austeridade fiscal, controle espartano da inflação e câmbio valorizado. Na verdade, implícita nessa discussão, reside a manutenção, com mais ou menos intensidade, do processo de enriquecimento por mecanismos de arbitragem e especulação financeira no Brasil, assumindo a dívida pública um eixo fundamental nesse processo.

Nesse contexto, destacamos um segundo artigo intitulado "Somos educados para o analfabetismo econômico", escrito e publicado pelo cientista político e pesquisador do Ipea, Antônio Lassance.[3] Seu argumento é que as preocupações econômicas do brasileiro deveriam direcionar-se para a execução orçamentária da União, onde realmente se revelam os destinos dos recursos públicos do País. Se isso acontecesse efetivamente, a discussão sobre a realização da Copa do Mundo, por exemplo, tornar-se-ia menor e compreenderíamos, com mais nitidez, quem leva larga vantagem econômica no País, absorvendo boa parte do que o contribuinte paga na forma de impostos e contribuições.

Somente a título de esclarecimento geral, observando os dados do Tesouro Nacional brasileiro, notamos que em 2013 o estoque da dívida bruta da União alcançou R$ 2,9 trilhões [86,2%, federal] e a conta juros foi de R$ 248 bilhões em termos nominais [87,5%, federal]. Entre 2009 e 2013, já foram pagos do orçamento do país mais de R$ 1 trilhão em juros aos credores financeiros, como grandes bancos e fundos de investimentos, nacionais e estrangeiros.

Então, importa assinalar que, diante de uma carga tributária de 36% do PIB, a qual, quem a sustenta, são, na grande maioria, os trabalhadores de média e baixa rendas, micro e pequenos empresários e algumas parcelas de profissionais liberais, o orçamento da União, sobretudo do

---

3 Para ler o artigo, acessar o *link* <http://www.cartamaior.com.br/?/Editoria/Politica/Somos-educados-para-o-analfabetismo-economico/4/30597>.

Governo Federal, passou a ser executado, nas últimas duas décadas, compreendendo a correlação de forças, econômicas e políticas, que se apoderou, direta ou indiretamente, dos principais centros de decisão do País, tornando-se responsável pelo maior movimento de transferência de renda da nossa história e tendo como eixo central a dívida pública nacional. Por essa razão, qualquer desvio de conduta da política econômica contrariando esses grandes interesses é veementemente combatida pelos agentes e formadores de opinião, principalmente oriundos do mercado financeiro, como as agências de *rating* internacionais, economistas-chefes de instituições bancárias, a grande mídia, etc.

Para exemplificar, entre 2012 e meados de 2013, o Governo passou a reduzir a taxa Selic, que remunera os títulos da dívida pública, e a meta de superavit primário [saldo entre os gastos e despesas correntes para efeito de pagamento dos juros da dívida pública]. Entretanto, diante das condições adversas da produção agrícola que influenciavam nos índices inflacionários e das mudanças no cenário internacional, que pressionavam para elevação do câmbio, contaminando também os indicadores de preços, iniciou-se verdadeira campanha midiática de formação da opinião pública criticando, intensamente, a política econômica e apontando um "descontrole" inflacionário. Essa campanha alcançou êxito e, a partir de junho, o Governo voltou a escalada altista dos juros básicos da economia e comprometeu-se, moderadamente, com metas mais altas de superávit primário.

Portanto, o que está em jogo nessas eleições de 2014?

A melhor proposta que se comprometa a continuar adotando uma política econômica responsável, que não aborreça os credores da dívida pública brasileira, seja parcimoniosa nas estratégias de combate à pobreza e à miséria no País, criativa na solução de alguns dos principais problemas brasileiros, os quais foram alvos de reivindicação nas mobilizações de junho de 2013, e não seja irresponsável em perseguir taxas elevadas de crescimento econômico baseadas na expansão do mercado interno com fortes estímulos à demanda agregada.

O crescimento econômico no modelo até então vigente é visto como uma ameaça à estabilidade econômica, principalmente quando a inflação ameaça afetar os ganhos rentistas dos *grandes magnatas das finanças e credores do Estado*. O argumento do esgotamento do modelo é uma justificativa para não correr os riscos de causar prejuízos ao sistema financeiro-bancário, principalmente. Pois caso a inflação, mesmo que moderada, ultrapasse os limites das metas estabelecidas, deve-se compensar as perdas financeiras com juros mais elevados, comprometendo ainda mais os setores produtivos e inviabilizando, politicamente, o pacto de poder instalado. Também, a proposta governamental não poderá reestabelecer ou alterar os termos da inserção internacional do País; é preciso manter a livre circulação de capitais, sua desoneração fiscal e o câmbio apreciado.

Enfim, em jogo nas eleições em 2014 qual a melhor proposta de gerenciar o Estado brasileiro em seu desiderato de continuar atuando como suporte central no processo de criação e acumulação de riqueza no contexto do capitalismo contemporâneo sob a batuta do movimento de *financeirização*.

25
A INSUSTENTABILIDADE DO CRESCIMENTO ECONÔMICO*

Dois marcos históricos foram importantes na formação do que chamamos de sociedade moderna: a Revolução Francesa e a Revolução Industrial. Ambas ocorridas entre final segunda metade do século XVIII e início do século XIX. Elas abriram as portas do novo mundo, sepultando, gradativamente, a velha sociedade europeia de base feudal medieval e organização predominantemente rural.

Tanto a filosofia política quanto a economia política [essa nascida das entranhas da primeira] colocaram no centro das teorias conceitos e princípios que moldaram o ideal de funcionamento social e econômico.

Primeiro, as *liberdades* humanas, a soberania do homem sobre o seu próprio destino. Razão contrária à subordinação do indivíduo aos poderes constituídos pelas monarquias europeias, endossadas pelo clero religioso, e mantidos a ferro e a fogo.

Segundo, o *trabalho* como atividade fundante da riqueza e criação de valor, em contraposição à servilidade feudal

---

* Publicado no *site* Cadaminuto, em 28 de março de 2014.

e ao injusto sistema de repartição dos frutos do trabalho com os que não trabalhavam e exerciam o poder absoluto, como os proprietários de terras, senhores feudais e, principalmente, monarcas.

Terceiro, a *propriedade* como um prêmio aos esforços do ser humano em realizar tarefas, ações e transformação da natureza em algo de utilidade e possuído de valor para a troca.

John Locke tem uma passagem sublimar no seu *Segundo tratado sobre o governo* sobre esses princípios:

> Ainda que a terra e todas as criaturas inferiores pertençam em comum a todos os homens, cada um guarda a propriedade de sua própria pessoa; sobre esta ninguém tem qualquer direito, exceto ela. Podemos dizer que o trabalho de seu corpo e a obra produzida por suas mãos são propriedade sua. Sempre que ele tira um objeto do estado em que a natureza o colocou e deixou, mistura nisso o seu trabalho e a isso acrescenta algo que lhe pertence, por isso tornando sua propriedade. Ao remover este objeto do estado comum em que a natureza o colocou, através do seu trabalho adiciona-lhe algo que excluiu o direito comum dos outros homens. Sendo este trabalho uma propriedade inquestionável do trabalhador, nenhum homem, exceto ele, pode ter o direito ao que o trabalho acrescentou, *pelo menos quando o que resta é suficiente aos outros, em quantidade e qualidade* [grifos nossos].[1]

De John Locke a Adam Smith, passando por outros filósofos como Bernard de Mandeville, William Petty, David Hume, Montesquieu e até Benjamim Franklin, todos eles reforçaram esses princípios com suas reflexões, os quais ser-

---

[1] John Locke. *Tratado sobre o governo civil e outros Estados*. Petrópolis: Vozes, 1994, p. 98 [Clássicos do Pensamento Político].

viram de bases para boa parte das Cartas Magnas que regem as constituições das nações do mundo ocidental.

A ideia de crescimento econômico se cristalizou como um processo linear de expansão das forças produtivas, turbinada por mudanças nos paradigmas tecnológicos. Para se alcançar o bem-estar social era preciso, inexoravelmente, aumentar a renda e a riqueza dentro do sistema. Isso se tornou um poderoso axioma.

Entretanto, esse processo de expansão não ocorre no vácuo. Para seu *start* é preciso certo nível suficiente de acumulação de capital, ou seja, estoque de riquezas, materiais e financeiras, alcançadas em longos períodos de funcionamento da organização econômica.

Mesmo reconhecendo que esse processo teve a influência direta dos Estados nacionais, ainda resiste no pensamento econômico neoclássico e liberal a ideia que o crescimento e desenvolvimento das forças sociais e econômicas aconteceram espontaneamente, como num passe de mágica, em que os participantes mais aptos da sociedade escolheram, livremente, o que bem quisessem fazer, produzir e comercializar.

A economia neoclássica, a partir dos anos 1950, com o modelo de Solow-Swan, defende que o crescimento econômico depende de variáveis de curto e longo prazos, se garantidas as liberdades de iniciativa. No curto prazo, os níveis de poupança e investimento são fundamentais, dada certa quantidade de capital, mão de obra adequada e nível tecnológico existente — fatores acumulados ao longo do tempo. Entretanto, no longo prazo, o crescimento econômico só pode ser alcançado, com efeitos na elevação da renda *per capita*, com o progresso tecnológico, principal responsável pela elevação da produtividade do sistema.

Com base nessa formulação, a economia neoclássica advoga que os países atrasados deveriam realizar um esforço de elevação dos níveis de poupança e qualidade da educação para acelerar o processo de crescimento econômico. Enquanto isso, as economias avançadas, por já terem resolvido esses dois problemas, precisam avançar no progresso tecnológico para continuarem crescendo e elevando a renda *per capita*.

As mudanças estruturais proporcionadas pelo crescimento econômico naquelas bases alteram o perfil da demanda e impõem novos padrões de consumo e seu aumento. Então, se desde a instauração da sociedade moderna a preocupação com o bem-estar social está correlacionada com o necessário aumento dos níveis de renda e riqueza, a elevação do consumo seria, ao mesmo tempo, o meio de se alcançar a felicidade e o coroamento do progresso.

Assim, perseguir o crescimento econômico passou a ser uma estratégia inquestionável entre todas as nações e povos inseridos na sociedade e economias capitalistas. Um verdadeiro dogma na ciência econômica contemporânea.

Entretanto, eis que surgem teses, teorias e argumentos que aumentam cada vez mais o poder de questionamento dos limites e necessidades do crescimento econômico *ad infinitum*, tanto de correntes econômicas conservadoras quanto progressistas. No campo progressista de linhagem marxista, por exemplo, autores como Alan Lipietz [um dos principais teóricos da Escola da Regulação], James O'Connor[2] e John B. Foster,[3] desde os anos 1980, passaram a se dedicar e refletir sobre as impossibilidades de continuidade do processo de avanço das forças produtivas e acumulação de capital, diante da incapacidade de renovação, na mesma velocidade de acumulação, dos recursos naturais e sua transformação em mercadorias. Alan Lipietz, por exemplo, che-

---

2 Ver James O'Connor. Capitalismo e meio ambiente. Revista *Novos Rumos*, vol. 28, n.º 8, pp. 40-3, 2002. Em <http://www2.marilia.unesp.br/revistas/index.php/novosrumos/article/viewFile/2211/1829>.

3 Ver, por exemplo, John Bellamy Foster. *Marx's ecology: materialism and nature*. New York: New York University, 2000.

gou a ser representante do Partido Verde no Parlamento Europeu entre 1999 e 2001.

O próprio Celso Furtado já apontava, no início da década de 1970, em seu formidável ensaio *O mito do desenvolvimento econômico*,[4] para a impossibilidade de reprodução global do modelo de desenvolvimento alcançado pelas economias centrais sem pressionar, fortemente, a exploração dos recursos naturais aos limites da própria destruição.

Muito recentemente, terminei de ler o livro *Os limites do possível: a economia além da conjuntura*, de André Lara Resende, banqueiro, ex-professor de Economia da PUC-Rio, doutor pelo MIT [EUA] e um dos principais formuladores do Plano Real.[5] Estava interessado em sua abordagem macroeconômica, especialmente após o Plano Real, e suas críticas à política econômica mais recente.

Lara Resende expõe artigos publicados ao longo dos anos de 2011, 2012 e 2013, publicados no jornal *Valor Econômico*, na revista *Piauí* e apresentados e discutidos na Casa das Garças, reduto de pensadores liberais do campo econômico e político, luxuosamente instalada no bairro da Gávea, na cidade do Rio de Janeiro.

No entanto, diferentemente de minhas intenções iniciais, chamaram-me a atenção três artigos, todos publicados no jornal *Valor Econômico*: "O desafio de nosso tempo" [no original, com o título "Desigualdade e bem-estar"], "Os rumos do capitalismo" e "Além da conjuntura". O tronco comum entre eles, na minha compreensão, trata das impossibilidades do sistema econômico continuar crescendo, reproduzindo e ampliando os padrões de consumo atuais, sem alterar profundamente o funcionamento da biosfera. Taxati-

---

[4] Celso Furtado. *O mito do desenvolvimento econômico*. Rio de Janeiro: Paz e Terra, 1974.

[5] André Lara Resende. *Os limites do possível: a economia além da conjuntura*. São Paulo: Portfolio-Penguim, 2013.

vamente, ele assevera: "A noção de que o crescimento dos últimos séculos poderia ser extrapolado a perder de vista é um exercício de futurologia tosca que foi incorporado ao nosso imaginário" [p. 104].

Conclusão: para não esgotar a capacidade de sobrevivência humana na terra e conservar os princípios de uma ordem liberal, como posto no início desse artigo, é preciso adaptar-se a uma nova etapa civilizatória sem ou com baixo nível de crescimento econômico. O crescimento econômico como motor do progresso e da melhoria do padrão de vida não se evidencia mais, pois a reprodução dos padrões de consumo nesse contexto está, ao contrário, diminuindo o bem-estar. Os sinais de tudo isso é a deterioração da camada de ozônio, a extinção de várias espécies animais, as crescentes dificuldades de mobilidade urbana, a deterioração de solos, a escassez crescente de água para consumo humano, etc.

Para fundamentar seus argumentos, Lara Resende recorre aos estudos do economista norte-americano Robert J. Gordon, principalmente *Is U.S. economic growth over? Faltering innovation confronts the six headwinds*, publicado em 2012 no National Bureau of Economic Research.[6] Esse excelente texto de Gordon defende a tese de que, até meados no terceiro quarto do século XX, o elevado crescimento econômico das principais economias ocidentais foi alcançado em decorrência dos progressos tecnológicos promovidos pelas duas primeiras revoluções industriais.

Após a década de 1970, a chamada Terceira Revolução Industrial, baseada na microeletrônica e nas modernas tecnologias de informação, não foi capaz de reproduzir as mesmas condições de crescimento acelerado, porque o

---

6 Robert J. Gordon. *Is U.S. economic growth over? Faltering innovation confronts the six headwinds*. Working Paper 18315. Massachusetts: National Bureau of Economic Research, august 2012. Conferir em <http://www.nber.org/papers/w18315>.

progresso tecnológico contemporâneo tem falhado na promoção de elevados níveis de produtividade, semelhantes aos verificados entre a segunda metade do século XIX e os anos 1960.

Então, Gordon conclui que a realidade econômica atual, considerando as forças produtivas e seu estágio de desenvolvimento, tem falhado em reproduzir as mesmas taxas de crescimento e de maneira contínua. Se para a corrente neoclássica, por exemplo, o crescimento de longo prazo é dado pela importância do progresso tecnológico com variações positivas na produtividade, então é mais apropriado afirmar que as baixas taxas de crescimento verificadas, nas últimas duas décadas, confirmam que o capitalismo contemporâneo se expande em "altitude próxima ao solo", com tendências à estagnação, sobretudo nas economias centrais.

Antes da crise de 2008, que atingiu o coração do sistema capitalista mundial — o sistema financeiro norte-americano —, imaginava-se uma nova era de expansão das forças produtivas e que o crescimento econômico estava se abrindo para todos que se integrassem na Nova Ordem multipolar. A queda do Muro de Berlim e a ascensão da ideologia neoliberal, fortemente influenciada pelos *policy makers* dos mercados financeiros e economistas de prestigiadas universidades dos EUA, serviam de pano de fundo para fortalecer essa crença. Enfim, tudo parecia transcorrer rumo a um mundo plano, com a convergência dos países desenvolvidos e em desenvolvimento como advogava Thomas Friedman.[7]

Entretanto, a crise do *subprime* nos EUA [2008/2009] e das dívidas soberanas na União Europeia [2009/2011], que ainda se arrastam até os dias atuais, impuseram novos desafios ao pensamento econômico, por exemplo, e levantaram

---

7 Thomas Fiedman. *O mundo é plano: uma história breve do século XX*. Rio de Janeiro: Objetiva, 2007.

uma série de questionamentos sobre o *mainstream* acadêmico nessa área.

Nesse contexto, Lara Resende argumenta, no texto já referido, que a questão ecológica impõe sérios limites e restrições ao modelo neoclássico de crescimento. Pois, se o crescimento econômico é visto como necessário para aumentar o padrão de vida das pessoas, e esse padrão se traduz em mais consumo, não se pode perseguir mais progresso tecnológico, com vistas a elevações na produtividade, para alcançar maiores níveis de consumo sem causar estragos naturais. Então, ele questiona: se o crescimento econômico serve para elevar a renda *per capita*, com isso a riqueza, então para que aumentar a riqueza desmesuradamente, a todo custo? [p. 107].

Após a crise de 2008, a crítica desse autor direciona-se à síntese keynesiana porque diante de sua pretensão de explicar as instabilidades do sistema econômico [com forte queda do emprego e da renda], a solução seria melhorar a competência de gerenciamento do sistema. Para isso, os remédios tradicionais de estímulos ao crescimento econômico de corte keynesiano seriam suficientes.

Nas profundas recessões econômicas no século XX, pelo menos duas soluções gerais se apresentam: *i*] deixar o sistema econômico à própria sorte até uma crise expurgar os agentes econômicos privados ineficientes; *ii*] elevação do gasto público, com expansão da dívida pública, com objetivo de estimular a demanda privada, principalmente os investimentos, aliado à expansão creditícia.

Conforme Lara Resende, na crise de 2008, os agentes privados estavam [e ainda continuam] com elevado nível de endividamento, portanto, a segunda solução não teria muito efeito para recuperar e colocar a economia dos EUA e da Europa novamente nos trilhos, pois a expansão dos gastos públicos, de tipo keynesiano, somente seria eficiente em um ambiente onde o excesso de dívidas privadas fosse eliminado pela recessão. Assim, os empresários capitalistas teriam maiores possibilidades de recorrer aos novos créditos, reagir aos estímulos governamentais e reestabelecer a confiança no ambiente econômico com novos investimentos.

Assim, a atual crise do capitalismo, mesmo guardando certas semelhanças com a grande Depressão de 1930, impõe novos limites que não estavam tão claros no início do século XX.

O primeiro deles é a expansão das dívidas públicas e o elevado grau de intervenção do Estado na economia, promovendo situações cada vez mais iminentes de um colapso geral no seio do próprio capitalismo e dos seus princípios ordenadores. Segundo, a restrição dos limites físicos do planeta diante de uma estratégia tradicional que acione políticas econômicas [fiscais e creditícias] com estímulos ao crescimento econômico e a reprodução dos padrões de consumo. Isso tende a aumentar as pressões, em escalas cada vez mais extraordinárias, sobre os recursos ambientais. E, nesse sentido, parece que as mudanças tecnológicas não conseguem resolver, de maneira satisfatória, a velocidade e as intensidades dessas pressões.

Então, Lara Resende se questiona: "como reduzir a disparidade dos padrões de vida sem aumentar a intermediação do Estado e restringir as liberdades individuais e como reverter o consumismo, a insaciabilidade material, sem reduzir a percepção de bem-estar" [p. 83]. Esses aspectos impõem enorme desafio ao processo civilizatório e à ciência econômica.

A nosso ver, como questão geral, Lara Resende aborda elementos essenciais e importantes, mas peca, talvez, na formulação de sua base crítica. Para nós, o bem-estar sempre foi um constructo utópico, pois as razões para o desenvolvimento das forças produtivas no capitalismo sempre estiveram correlacionadas às necessidades de acumulação de riqueza privada. Nesse movimento de produção, a riqueza se acumula de forma exponencial e em grandes estoques, real e financeiro, nas mãos de alguns privilegiados. Não tem sido por acaso que Joseph Stiglitz, Nobel de Economia em 2001, tem escrito e produzido fortes críticas ao modelo de desenvolvimento econômico norte-americano e seu atual estágio concentracionista de renda e riqueza.

Portanto, para que a riqueza possa ser produzida e acumulada é imperativo que os padrões de consumo continuem se reproduzindo em escala ampliada. De uma perspectiva completamente diferente, concordamos com a crítica final de Lara Resende: se o sistema econômico capitalista continuar se expandindo da maneira como vem acontecendo nos últimos quarenta anos, pelo menos, e praticarmos, a cada grande crise, políticas anticíclicas de combate às suas instabilidades, que estimulam ainda mais o crescimento da demanda privada por meio do crescimento econômico, sem tocar na questão distributiva de forma mais profunda, teremos muitos dissabores no futuro.

O que observamos após a Segunda Guerra Mundial do século passado, e já comprovado pelqa ciência, é o agudo crescimento no uso dos recursos naturais e uma escala extraordinária de produção de bens com objetivo de garantir níveis de acumulação crescentes. Cabe, então, a seguinte pergunta: podemos crescer infinitamente reproduzindo os padrões de consumo, estabelecidos no século XX, atendendo aos objetivos de acumulação de capital e riqueza que o sistema exige continuamente?

Os argumentos nesse ensaio estão passíveis de questionamentos e críticas. A humanidade já deu provas de como enfrentar outros importantes dilemas em seu processo de formação. Talvez esse seja mais um. Entretanto, o que não se pode é desconhecer nossos limites e possibilidades. Mas uma coisa é certa: o sistema econômico nascido das duas grandes revoluções, a industrial e a francesa, não parece garantir o que John Locke expôs no trecho que copiamos e grifamos logo acima. Da maneira como se desenvolve, parece não saciar a contento as necessidades básicas de uma parcela crescente da população do planeta e ameaça não deixar o suficiente, em quantidade e qualidade, para as próximas gerações.

26
A INCONTESTÁVEL CERTEZA DO TER[*]

Após Thomas Piketty lançar em 2014 seu livro *O capital no século XXI*, o tema da concentração e desigualdades de renda voltou a ser debatido amplamente em escala mundial.[1] Antes, esse assunto ficava restrito ao mundo discursivo dos intelectuais e acadêmicos das ciências sociais e humanas, mais identificados com o espectro político e ideológico à esquerda.

Antes mesmo de Piketty, um autor conservador como Joseph Stiglitz, ex-economista-chefe do Banco Mundial, presidente do Council of Economic Advisers no período 1995-1997, dentro da gestão do presidente dos EUA, William Jefferson Clinton, e Prêmio Nobel de Economia em 2001, já vinha apontando os riscos da concentração de renda para a economia estadunidense em seus recentes livros, principalmente em *The price of inequality*, lançado no ano de 2013.[2]

No Brasil recente, discutir a distribuição de renda em um nível mais elevado encontra certas dificuldades, em razão

---

[*] Publicado no *site* Cadaminuto em 24 de agosto de 2014.
[1] Thomas Piketty. *O capital no século XXI*. Rio de Janeiro: Intrínseca, 2014.
[2] Joseph Stiglitz. *The price of inequality*. Nova York: W.W. Norton, 2013.

do clima eleitoral para a Presidência da República, que tem animado e acirrado muito os ânimos.

De qualquer maneira, está muito claro que todos os candidatos de oposição ao atual governo evitam tocar nesse assunto ou nem sequer propõem mudanças nas políticas governamentais de assistência e inclusão social, especificamente no Programa Bolsa Família. Também, as críticas mais vulgares não conseguem avançar para além de avaliações morais e, frequentemente, muito deficientes em argumentos e dados empíricos. Por sua vez, a fundamentação mais elaborada, que muitas vezes se restringe aos muros das academias e instituições de pesquisa, aponta para problemas *ex-post* às políticas assistencialistas, seus limites formais e impossibilidades de mudanças mais estruturais, ou radicais como queiram, no sistema social.

Evidentemente não sou do tipo que enxergo tudo de forma maravilhosa e colorida [como alguns imaginam]; tenho também minhas críticas ao modelo de desenvolvimento capitalista no País e a função desses Programas Sociais. Mas isso é assunto para outro artigo. Entretanto, acompanho o debate atentamente.

Entre final de julho e início de agosto, surgiram algumas análises interessantes e bem elaboradas na imprensa escrita sobre a questão da desigualdade no Brasil. Por exemplo, em artigo na *Folha de S.Paulo*, Clóvis Rossi formulou um problema questionando se a desigualdade travaria o crescimento econômico.[3] De maneira persuasiva e seguindo a linha de raciocínio muito próxima aos dois autores que citamos acima, Rossi defende a ideia que a desigualdade de renda não diminuiu no Brasil. Mas, antes que algum leitor comemore de forma efusiva, é preciso explicar que o arti-

---

3 Clovis Rossi. Desigualdade trava a economia? *Jornal Folha de S.Paulo*, 10 de agosto de 2014. Para acessar o artigo entrar no endereço <http://www1.folha.uol.com.br/fsp/mundo/179993-desigualdade-trava-a-economia.shtml>.

culista, e com razão, aponta para um movimento no País de aumento da distância entre os mais ricos e os mais pobres. Como as informações que alimentam a base de análise sobre o tema são captadas dos dados da Pnad, e elas encontram dificuldades para reconhecer os ganhos que a parcela mais rica da população brasileira aufere com aplicações de capitais, ou seja o rentismo, torna-se difícil comprovar a hipótese que a desigualdade de renda relativa diminuiu no país recentemente.

Por exemplo, segundo Rossi, a parcela da riqueza paulistana que fica com os mais ricos saiu de 47,95%, em 2000, para 53,68%, em 2010. Enquanto isso na escala mais baixa os pobres diminuíram sua participação de 11,65% para 10,57%, no mesmo período. Isso significa, em nossa visão, dois movimentos constatados pelos estudos mais específicos e a realidade: 1] uma minoria da população não somente é mais rica como tornou-se bilionária, principalmente com as operações rentistas nas últimas duas décadas; 2] a parcela mais pobre melhorou em renda monetária e condições de vida, mas em razão da inclusão social verificada nos últimos anos, que permitiu a grandes frações da sociedade serem integradas ao mercado de trabalho, geralmente com salários baixos, e nos programas de renda mínima. Entretanto, o fosso entre as classes econômicas no país realmente aumentou.

Então, o próprio Clóvis Rossi se faz a pergunta: não estaria justamente nessa desigualdade pessoal da renda um dos motivos para o entrave do nosso crescimento econômico? De nossa parte completamos: não estaríamos assim com o mesmo problema das economias centrais, como EUA, onde a concentração de renda e riqueza chegou a tal absurdo que inviabiliza o avanço econômico, como afirmam Piketty e Stiglitz? Não estaríamos semiestagnados porque a maior parcela da renda dos ricos não retorna para os circuitos econômicos, alimentando a demanda agregada, mas, pelo contrário, se direciona para acumulação patrimonialista e rentista aqui e fora do País, enquanto o consumo das famílias mais pobres é insuficiente para alavancar as forças do crescimento?

Bem, são indagações importantes e merecem maior aprofundamento da *intelligentsia* acadêmica e científica.

Por sua vez, recomendo a leitura, sem preconceitos, de três excelentes artigos publicados no Le Monde Diplomatique Brasil, "Brasil: dois projetos em disputas", de Eduardo Fagnani [professor do Instituto de Economia da Unicamp e pesquisador do Centro de Estudos Sindicais e de Economia do Trabalho], "A dura tarefa de se opor ao que está dando certo", de Ladislaw Dowbor [professor titular da PUC-SP] e "Trajetória e deslocamento distributivo no Brasil", de Márcio Pochmann [professor do Instituto de Economia da Unicamp].[4]

No primeiro, Fagnani realiza importante discussão sobre os avanços e limites recentes da questão social no Brasil, a inspiração liberal dos programas sociais implantados, com anuência e aplausos da comunidade internacional, e suas funcionalidades. O autor questiona a ideia de que vivemos um novo padrão de desenvolvimento. Segundo suas palavras, "caminhou-se no sentido da construção de um modelo econômico menos perverso que o padrão histórico", que, a nosso ver, tem dificuldades de se desvencilhar dos principais pilares da ideologia e práticas neoliberais, os quais o país foi submetido no início da década de 1990.

Para nós, o governo do PT encontrou algumas "fendas na rocha" do padrão de desenvolvimento capitalista subdesenvolvido, que permitem aliviar os efeitos das contradições

---

[4] Os três artigos podem ser encontrados em *Le Monde Diplomatique*, ano 7, n.º 84, julho/2014. Para acessá-los entrar no endereço <http://www.diplomatique.org.br/edicoes_anteriores_det.php?edicao=84>.

de sua dinâmica, eliminando as tensões econômicas mas não atenuando o processo de acumulação de capital acelerado, que concentra riqueza, essencialmente, nas esferas mais elevadas das classes sociais do País.

Por sua vez, no texto do Ladislau Dowbor destaca-se a necessidade de compreender os avanços sociais e econômicos para além das variáveis tradicionais de aferição do desempenho do País, como, por exemplo, o comportamento e taxas de crescimento do PIB. Para ele, apesar das dificuldades que temos de continuar crescendo, outros indicadores são importantes para avaliar nossos avanços como: a esperança de vida ao nascer; as taxas de conclusão dos níveis de escolaridade; o avanço do IDH; o crescimento da renda e sua correlação com as condições de nutrição da população; a queda da mortalidade infantil, etc. A comparação desses e outros indicadores com a realidade de outros países, aponta para melhorias nas condições socioeconômicas do Brasil nos últimos anos, sobretudo a partir da mudança do pêndulo das políticas governamentais para preocupações com o lado mais social.

Por fim, Marcio Pochmann reconhece a importância do papel do Estado na correção dos rumos da natureza concentradora da riqueza promovida pelo regime capitalista. Nesse sentido, ele aponta que desde 2003 o Brasil persegue a correção dessas distorções buscando reduzir os índices de pobreza e a desigualdade de renda. Para ele, o Governo brasileiro conseguiu com muito esforço e alto preço político, reduzir a parcela de transferências de recursos na forma de pagamento de serviços da dívida pública, concomitantemente ao aumento e expansão dos gastos e transferências sociais.

É verdade que o Governo Federal tem uma dívida pública com os mercados que no que diz respeito à participação do PIB é mais confortável que a média internacional. Entretanto, esses contratos são de curto prazo e os juros extremamente elevados para níveis mundiais, o que põe o Estado brasileiro numa camisa de força quase intransponível.

Também se sabe, porém, que a meta de superávit primário foi flexibilizada para dar folga à execução do orçamento fiscal. Não obstante isso, o rentismo e seus praticantes no Brasil ainda contam com uma força política, econômica, midiática e acadêmica poderosa, que influencia e, às vezes, determina os rumos da política econômica e demais políticas públicas no País.

Mesmo com os aspectos apontados acima que contribuem para diminuir a sensação de otimismo exagerado, é inegável que do ponto de vista da melhoria da renda dos estratos mais baixos da população, ocorreu um fenômeno jamais visto na formação econômica do Brasil, notadamente quando o capitalismo por aqui se estabeleceu, mais profundamente, a partir da década de 1930.

Quando estudava economia na graduação, o indicador que mais nos envergonhava de um país denominado de Belíndia, em homenagem aos nossos elevados níveis de pobreza, era o Índice de Gini. Sua variação era quase inexistente, com maior tendência para subir que descer.

Mas, eis que mudanças importantes aconteceram na última década e me fizeram esquecer um passado de maiores desilusões. Como podemos observar no Gráfico 1, na página seguinte, o Índice de Gini entre as pessoas ocupadas diminuiu sensivelmente entre 2003 e 2012. Isso significa que mais pessoas ingressaram no mercado de trabalho desde então e acessaram níveis salariais mais elevados. Por sua vez, associado a esse movimento, o percentual de pessoas pobres salta em queda livre de 35,1% da população para 16%, no mesmo período. Isso representa um dos maiores avanços da sociedade brasileira nos séculos XX e XXI, sem receio de enfatizar. Também, esse movimento pressiona o País por novas e urgentes mudanças, talvez na base das reivindicações sociais recentes e insatisfação com a política na atualidade.

Gráfico 1. Brasil: evolução do Índice de Gini e da proporção de pessoas pobres, 1995-2012

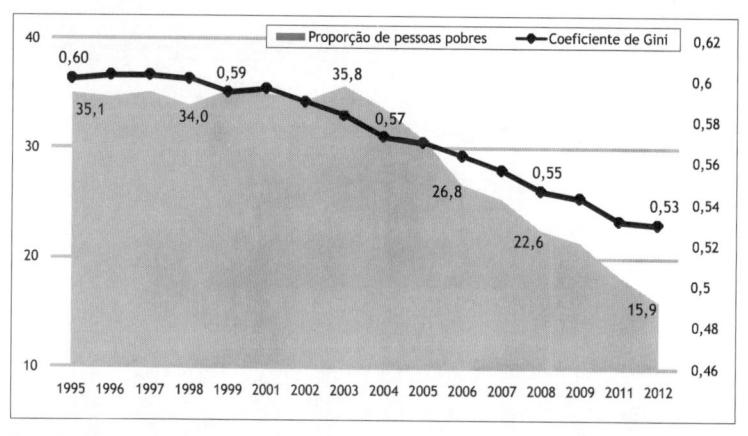

Fonte: Pnad/Ipea/Ministério da Fazenda. Coeficiente de Gini varia entre 0 e 1 [quanto mais próximo de 1, maior a desigualdade de renda]. Renda domiciliar *per capita* abaixo de U$S 2,50 dia PPP. Critério de linha de pobreza mais alto da Meta do Milênio da ONU [R$ 140/mês em outubro de 2011].

As consequências daquele movimento são conhecidas, principalmente para o consumo das famílias e expansão do mercado interno. Em regiões mais pobres, as que se situam na periferia da periferia, como o caso de Alagoas, que ainda conta com proporção de pessoas pobres e extremamente pobres elevada, esse efeito se fez sentir com muito mais intensidade. Por exemplo, em 2002 tínhamos quase dois terços [65,9%] da população vivendo com apenas 2,5 dólares por dia, ou seja 1,9 milhão de pessoas. Em 2012 esse número caiu para 1,1 milhão, com o percentual passando para 34,6%.

Em situação de extrema pobreza, quer dizer, pessoas que viviam com apenas 1,25 dólares dia, Alagoas tinha um milhão de indivíduos nessas condições [36% da população]. Ao dobrarmos a década, o número de miseráveis diminuiu para 347 mil [10,7% da população], com tendência de redução ou quase erradicação desse contingente em condição de flagelo em nosso estado.

Gráfico 2. Alagoas: evolução do número e taxa de pessoas pobres, 2002/2012 [%]

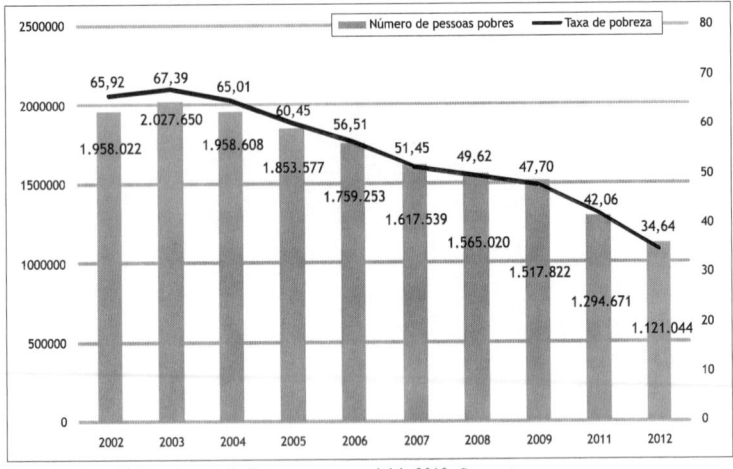

Ano	Número de pessoas pobres	Taxa de pobreza
2002	1.958.022	65,92
2003	2.027.650	67,39
2004	1.958.608	65,01
2005	1.853.577	60,45
2006	1.759.253	56,51
2007	1.617.539	51,45
2008	1.565.020	49,62
2009	1.517.822	47,70
2011	1.294.671	42,06
2012	1.121.044	34,64

Fontes Ipeadata. Elaboração própria. Por ser um ano censitário 2010 não consta.

Gráfico 3. Alagoas: evolução do número e taxa de pessoas extremamente pobres, 2002/2012 [%]

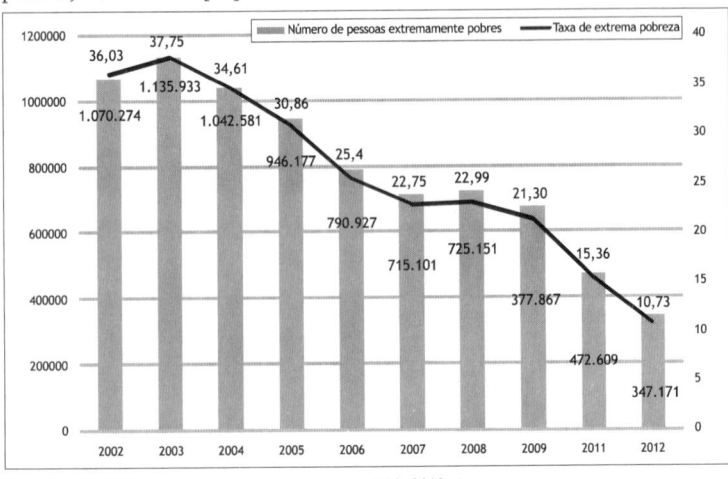

Ano	Número de pessoas extremamente pobres	Taxa de extrema pobreza
2002	1.070.274	36,03
2003	1.135.933	37,75
2004	1.042.581	34,61
2005	946.177	30,86
2006	790.927	25,4
2007	715.101	22,75
2008	725.151	22,99
2009	377.867	21,30
2011	472.609	15,36
2012	347.171	10,73

Fonte: Ipeadata. Elaboração própria. Por ser um ano censitário 2010 não consta.

Isso é uma demonstração inequívoca de que os programas assistenciais e sociais, a geração de empregos e a recuperação do salário mínimo, cumpriram um papel importante nas regiões pobres, ampliando os mercados locais e trazendo maior dinamismo aos setores de comércio e serviços, principalmente.

Em relação especialmente ao Programa Bolsa Familiar, coluna vertebral da política social do atual governo, ele trouxe um elemento que a maioria das famílias e indivíduos não podia contar, porque as condições socioeconômicas jamais permitiam — dignidade. A dignidade de não se sujeitar a nenhum tipo de proposta de trabalho semiescravo, condição servil ou outra modalidade de ocupação primitiva, enterrada por países mais avançados que se desvencilharam mais cedo dos laços feudais e/ou escravistas.

Uma coisa é o indivíduo começar a trabalhar mais cedo em condições e ambientes que o façam crescer cognitivamente, não lhe entorpeça o corpo, a mente e os movimentos; outro é, por exemplo, ser condenado a cortar cana-de-açúcar a vida inteira, desde criança, ou atraída para serviços domésticos e dessa condição ter imensas limitações de se libertar.

Por exemplo, não é por outra razão maior que Alagoas possui um estoque de 22% da população com mais de anos anos de idade analfabeta. Mesmo com todos os problemas que temos com os níveis de ensino infantil e básico no estado, somente o fato de as famílias manterem seus filhos mais tempo na escola agora, em razão do benefício do Bolsa Família, limita e muito a possibilidade de alienar esse precioso tempo em condições e situações de subdesenvolvimento humano que condenaram seus pais à pobreza e miséria por boa parte de suas vidas.

Não nos iludamos que isso seja suficiente para resolver os graves problemas de nossa profunda e histórica desigualdade de riqueza. Ao menos encontramos algumas "fendas" dentro do sistema de produção capitalista que minoram a dura escalada da sociedade no contexto de seu desenvolvimento.

A incontestável certeza do ter um mínimo para sobreviver assegura à maioria da população brasileira e, especialmente, à nordestina, liberdade de sonhar com um futuro mais promissor, alvissareiro e digno para as próximas gerações da base piramidal da sociedade.

27
A TENTATIVA DE ESTABELECER O CAOS*

Era 11 de setembro de 1973, quando o Palácio de *La Moneda* foi bombardeado e o governo democraticamente eleito de Salvador Allende golpeado pelas forças militares, com apoio de setores das camadas sociais civis, média e alta, e as Forças Armadas do Chile, subsidiados fortemente pelos Estados Unidos da América, através de sua Central de Inteligência [CIA].

As operações da CIA foram usadas para dividir e enfraquecer a coalizão da Unidade Popular de Allende; financiar partidos de oposição e grupos neofascistas; promover e expandir os contatos norte-americanos secretos com militares chilenos, e organizar uma grande campanha propagandística, por meio do maior jornal de direita, *El Mercúrio*, para estimular os militares a passarem à ação violenta. De acordo com registros internos da CIA, essas operações clandestinas nos meios de comunicação tiveram papel importante para

* Publicado no *site* Cadaminuto em 1.º de setembro de 2014.

preparar o cenário de golpe militar de 11 de setembro de 1973.

Essa síntese foi feita por Peter Kornbluh, diretor do Projeto de Documentação do Chile no National Security Archive, biblioteca e instituto de pesquisa, independente e não governamental, sediado na Universidade George Washington, capital dos EUA.

Esse relato encontra-se no prólogo do magistral livro *Fórmula para o caos: a derrubada de Salvador Allende, 1970-1973*, escrito pelo extraordinário historiador Luiz Alberto Moniz Bandeira.[1] Baseado em farta documentação oficial desclassificada como restrita nos Estados Unidos e pelo Itamaraty, no Brasil, o autor de outras importantes obras como *Formação do Império Americano — da guerra contra a Espanha à guerra do Iraque*, que lhe rendeu o Troféu Juca Pato, e *De Martí a Fidel: a Revolução Cubana e a América Latina*,[2] desenvolve uma excelente narrativa e análise sobre os contextos internacional, regional e nacional que envolveram o golpe militar sobre o Governo Allende e, com extrema mestria, as razões e estratégias para a violenta deposição do socialista chileno.

Moniz Bandeira foi testemunha ocular de vários acontecimentos históricos fundamentais e ficou muito próximo de atores que influenciaram o curso dos acontecimentos. Em mais de duas dezenas de livros ele segue as orientações do pensamento de Antonio Gramsci:

> se escrever história significa fazer história do presente, é um grande livro de história aquele que no presen-

[1] Luiz Alberto de Vianna Moniz Bandeira. *Fórmula para o caos: a derrubada de Allende, 1970-1973*. Rio de Janeiro: Civilização Brasileira, 2008.
[2] Do mesmo autor *Formação do Império Americano — da guerra contra a Espanha à guerra do Iraque*. Rio de Janeiro: Civilização Brasileira, 2006 e *De Martí a Fidel: a Revolução Cubana e a América Latina*. 2.ª edição. Rio de Janeiro: Civilização Brasileira, 2009.

te ajuda as forças em desenvolvimento a converterem-
-se em mais conscientes de si mesmas e por isso mais
concretamente ativas e factíveis.³

O magnífico e genuíno no *Fórmula para o Caos* é a demonstração de como as forças conspiratórias no Chile seguiram, à risca, uma campanha de desestabilização promovida durante três anos pelo Governo norte-americano de Richard Nixon. Uma estratégia clandestina e coordenada para desenvolver um clima social e econômico ingovernável no país.

Uma dessas campanhas, e talvez a mais importante, era posta em prática por agentes econômicos de alguns setores importantes do sistema produtivo e de serviços chileno. A tática usual consistia em interromper os fluxos de comercialização e provocar desabastecimentos em várias áreas com objetivo de influenciar diretamente nos índices inflacionários e, de maneira indireta, provocar a ira contra o governo pelas classes médias.

Antes mesmo de Salvador Allende ganhar, democraticamente, as eleições presidenciais de 1970, já persistia um clima político muito hostil, pois suas propostas, pela Unidade Popular, eram vistas com suspeitas pelos segmentos conservadores no Chile e causavam fortes preocupações em Washington. Qualquer plataforma social mais "radical" na América Latina e Caribe era tratada com muito cuidado pelo *establishment* político norte-americano, já escaldado pela influência da Revolução Cubana, em 1959.

Essa preocupação pôde ser registrada na reação dos EUA na declaração do seu embaixador Edward Korry em Santiago [1967-1971]:

> nenhuma porca ou parafuso irá para o Chile de Allende. Uma vez que Allende chegue ao poder devemos fazer

---

3 Moniz Bandeira, 2008, p. 38.

tudo na medida de nossas forças para condenar o Chile e todos os chilenos à extrema penúria e pobreza.[4]

Em 1970 Allende foi eleito com 36,22% dos votos válidos, pela Unidade Popular, enquanto o segundo candidato, Jorge Alessandri, do Partido Nacional, obteve 34,9%, e Radomiro Tomic, Democracia-Cristã, alcançou 27,1%. Os movimentos mais intensos objetivando provocar o caos econômico, social e político no Chile começaram imediatamente à eleição de Salvador Allende. O interesse era

> alarmar a população e o meio empresarial, demonstrando a reação que a eleição de Allende provocaria no estrangeiro e as graves consequências para a economia do Chile, de forma a provocar o pânico financeiro, um *crash*, a instabilidade política, forçando os militares a intervirem para impedir a investidura de Allende na presidência do Chile.[5]

As organizações internacionais como o FMI e o Clube de Paris [confraria dos grandes banqueiros mundiais], também operaram para bloquear novos empréstimos e financiamentos ao Chile.

O resumo da ópera três anos após a posse de Allende é sintetizada por Moniz Bandeira da seguinte maneira:

> O Chile fora socialmente fraturado, com radicalização do conflito de classes, que sobrepujava qualquer consideração de interesse nacional. E o processo de desestabilização do governo, impulsionado pela CIA, avançara bastante. A espiral inflacionária, que chegara a 283,4%, entre julho e agosto, o desabastecimento,

---

4 Moniz Bandeira, 2008, p. 154.
5 Ibidem, p. 160.

mercado negro, a mais completa carência de divisas e outros problemas econômicos e sociais, bem como a desordem política e administrativa, haviam erodido as bases de sustentação da Unidade Popular. A fórmula da CIA para instalar o caos estava a produzir o mais amplo efeito, favorecida, em larga medida, pelas [. . .] ocupações, expropriações indiscriminadas de empresas e outras iniciativas, que contribuíram para desorganizar ainda mais o sistema produtivo do país para empurrar as classes médias para a direita e, com elas, a oficialidade das Forças Armadas.[6]

Enquanto iniciava a escritura desse texto, encontramos um artigo luminoso que na direção do que pensávamos argumentar. Sob o título "América Latina: «golpes light» e desestabilização moderna", o jornalista francês Maurice Lemoine analisa as recentes tentativas de golpes de Estado na América Latina contra chefes de Estados com perfil mais à esquerda.[7] Para ele, e já assumindo nossa concordância, as tentativas de golpes contra governos mais populares, que desenvolveram políticas públicas orientadas para as questões sociais, com resultados surpreendentes na redução das desigualdades de renda, não admitem "muito derramamento de sangue", entretanto continuam sendo apoiados pelos EUA, mesmo em menor grau que em décadas passadas. São fornecidos subsídios financeiros e estratégicos. Somente entre 2013 e 2014 US$ 14 milhões foram transferidos à Venezuela para irrigar os grupos oposicionistas para promoção de campanhas eleitorais e publicitárias como promover os chamados "protestos pacíficos".[8]

6 Ibidem, p. 483.
7 Maurice Lemoine. América Latina: "golpes light" e desestabilização moderna. In: *Le Monde Diplomatique Brasil*, ano 8, n.º 85, agosto/2014.
8 Ibidem, p. 11.

A fórmula para o caos, aplicada no Chile, Bolívia e Uruguai que culminou em clássicos golpes de Estado, violentos e sangrentos, nas décadas de 1960 e 1970, ganhou maior espaço já com sofisticadas estratégias adaptadas às novas técnicas desenvolvidas pela revolução tecnológica, proporcionada pela microeletrônica e expansão dos sistemas de comunicação em massa. A fórmula foi mais recentemente aplicada no Paraguai, Equador, Bolívia, Honduras e mais intensamente na Venezuela sob a gestão da dupla Chávez-Maduro.

Para Maurice Lemoine, vigora atualmente operações psicológicas [psy-ops] "sutis destinadas a manipular ou a desestabilizar internamente os governos-alvos e a fornecer uma imagem negativas deles".[9] Nesse sentido, joga um papel extremamente importante os grandes meios de comunicação que para além de representantes se autoproclamarem representantes da imprensa em geral e das liberdades de opinião, são empresas com papéis muito bem definidos no jogo de força pelo poder econômico e político.

Sem mais a presença direta das Forças Armadas, as novas formas de golpes de Estado acontecem dentro da ordem constitucional e são deflagrados, principalmente, por civis, aparelhados seja pelas instituições do poder [judiciário, por exemplo] ou pelos instrumentos de pressão pública e ação política coletiva [meios de comunicação, órgãos patronais, sindicatos, etc.]. Entretanto, eles contam com apoio de facções das Forças Armadas e, geralmente, setores da comunidade internacional interessados diretamente na derrubada de governos mais voltados às causas populares e sociais e mais altivos no plano das relações internacionais.

É nesse sentido que Lemoine declara em resumo:

> enquanto no passado os militares, depois de ter agido em favor desta ou daquela ação, permaneciam no po-

[9] Maurice Lemoine, op. cit., p. 10.

der, hoje eles voltam para os quartéis. Civil, a ditadura se torna transparente, sem que ninguém possa denunciar um novo Augusto Pinochet [ditador chileno]. Será suficiente, alguns meses depois, organizar eleições "sob controle", suspendendo o breve banimento do país pela comunidade latino-americana [ou internacional] e a rodada terá sido completa.[10]

Trazendo a discussão para perto de nós, vivenciamos em 2014 um período eleitoral dos mais febris das últimas disputas presidenciais. Ano passado, nas mobilizações sociais de junho, em plena realização da Copa das Confederações, o clima de instabilidade instaurou-se e os diversos movimentos reivindicatórios ameaçaram a estabilidade institucional,[11] a ponto de algumas análises mais apressadas cogitarem interferências das Forças Armadas, não descartando até mesmo um golpe militar. Puro exercício ficcionista!

Estamos longe dessa situação e como falamos acima, considerando ainda as características da sociedade atual, não se vislumbra o retorno aos golpes civil-militares clássicos como a América Latina e Caribe se acostumaram a viver entre as décadas de 1960 e 1970. A fórmula para o caos com o estabelecimento de um clima de intranquilidade, expectativas desfavoráveis e um futuro sombrio, assumiu novos contornos, táticas e instrumentos mais sofisticados, as vezes sutis, em outros momentos mais agressivos, chegando a proporcionar mortes em embates mais violentos. Mas nada comparado a um golpe de Estado com a instauração de uma ditadura militar apoiada por segmentos da sociedade civil.

Por sua vez, tem razão Silvio Caccia Bava, que assina o editorial revista *Le Monde Diplomatique Brasil*, ao afirmar que a utilização, em sincronia, dos grandes meios de comuni-

---

10 Ibidem, p. 11.
11 Sobre o assunto conferir o Capítulo 19 deste livro.

cação, das redes sociais, correspondências de bancos e agências financeiras, revistas de prestígio internacional [como *The Economist*], etc. para propagar o caos econômico e político no País e o desgoverno da atual administração, oculta o "projeto de nossas elites de retomada direta do Estado e os recursos públicos a serviço de um processo mais intenso de concentração de riqueza e poder".[12] Essa máquina poderosa de promover operações psicológicas [psy-ops] para o caos, valendo-se dos modernos instrumentos tecnológicos, midiáticos e de elevado alcance, tem a vantagem de não derramar sangue, não se revelar contraprodutivos às classes médias [muito pelo contrário], e não provocar reações terminantemente contrárias de parte da comunidade internacional.

Ao lermos as duas propostas de programas das principais plataformas oposicionistas, evidencia-se que alguns pontos são essenciais na direção acima apontada, tais como: 1] a independência do Banco Central; 2] a revisão do papel dos bancos públicos no sistema econômico, até mesmo não descartando a privatização completa desse setor; 3] a retomada inconteste do tripé econômico câmbio valorizado e flutuante, elevado superávit primário e conservadoras metas de inflação como estratégias de política e crescimento econômico; 4] reorientação da política externa para alianças tradicionalmente subalternas com os EUA e a Europa, abandonando o estreitamento do eixo em direção aos Brics e o cooperativismo com países subdesenvolvidos; e 5] colocar em segundo plano a exploração das jazidas de petróleo da camada pré-sal, com todas as implicações possíveis de investimentos já realizados, capitalização da empresa e uso dessa riqueza extraordinária para o futuro nacional.

Mas, antes que isso e muito mais seja perseguido na direção de uma plataforma mais conservadora que a atual,

---

12 Silvio Caccia Bava. O que deve permanecer oculto. *Le Monde Diplomatique Brasil*, ano 8, n.º 85, agosto/2014, p. 3.

é preciso vencer a disputa eleitoral, ganhar dentro da ordem constitucional, mesmo que seja necessário utilizar a fórmula para o caos aperfeiçoada. Imprescindível também alguém que lidere esse processo, seja abduzido pelos interesses dos grandes negócios no País e atenda aos anseios da classe média convertida pelo sucesso da formula para o caos em sua versão mais *light*. Sem uma agenda positiva para se defender, o discurso vazio e o jogo de belas palavras completam a estratégia de desgastar o atual governo, negar os importantes avanços e estabelecer o caos econômico!

28
A MACROECONOMIA MARXISTA*

Desde a década de 1970, o modo de produção capitalista vem se revolucionando e impõe fundamentais mudanças, além de adequar novas formas de relações sociais diante de transformações aceleradas no conjunto das forças produtivas. O progresso tecnológico baseado na microeletrônica redimensionou os meios de produção, acentuando a exploração da força de trabalho e contrariando as otimistas perspectivas de John Maynard Keynes. Em seu famoso ensaio *Possibilidades econômicas de nossos netos* [1930], o economista inglês defendia que no século XXI seríamos liberados do trabalho árduo e causticante e adentraríamos na terra prometida, numa Nova Era, onde o tempo seria mais bem distribuído entre a atividade produtiva, a contemplação, o prazer e a livre criatividade.[1]

No último quartil do século XX, transformações políticas importantes redefiniram o comportamento social e econômico de muitos sistemas societais. Mais de um terço

---
* Publicado no *Jornal dos Economistas* do Conselho Regional de Economia do Rio de Janeiro, n.º 299, junho de 2014, pp. 13-5.

1 Esse texto de Keynes pode ser acessado em <http://www.geocities.ws/luso_america/KeynesPO.pdf>.

da população sobre o globo agonizam na pobreza e o processo de acumulação de capital impõe limites intransponíveis à biosfera.

O renascimento do pensamento liberal, na esteira de mais um movimento de internacionalização do capital [leia-se globalização], abriu um período de contrarrevolução conservadora. No mundo econômico, as instituições multilaterais, como FMI, Banco Mundial e OMC, a "Santíssima Trindade" do capitalismo contemporâneo, orientavam, sob ameaças de sanções, os países da periferia a se integrarem à Nova Ordem Internacional, comandada pelos EUA e seu novo ciclo expansivo, baseado no desenvolvimento acelerado das atividades financeiro-creditícias.

Nesse contexto, um amplo conjunto de opiniões, análises e argumentos assumiu compromisso intelectual e político de sepultar correntes analíticas mais críticas, proclamando "o fim das ideologias", cantando em louvores à objetividade e à neutralidade teórica. Os ideólogos do neoliberalismo afiavam seus armamentos teóricos e ideológicos objetivando derrotar qualquer oponente crítico e histórico.

Na esteira da contrarrevolução conservadora, o pensamento marxiano com suas diversas derivações deu a impressão de arrefecimento intelectual. Somente impressão. Pelo contrário, um pensamento marxista ou tomando ele como base se desenvolveu, ganhando importância analítica, nos últimos três decênios. Os interesses pelos estudos e leituras nesse campo aumentaram, sobretudo na nova fase de *financeirização* da riqueza que desembocou nas crises econômico-financeiras que atingiram os Estados Unidos [2007-2009] e a Europa [2011-2012].

Os estudos marxistas mais contemporâneos resgatam, dentre muitos aspectos, o essencial da teoria marxista para explicar as vicissitudes do capitalismo contemporâneo e as contradições postas. Da teoria marxiana se toma como premissa uma contradição fundamental do modo de produção capitalista: sua tendência, *ad infinitum*, de produzir mercadorias conflita com a pobreza e a restrição do consumo das massas. De outro modo, sua elevada capacidade para desenvolver as forças produtivas, aumentando a produtividade do sistema, esbarra na capacidade da própria sociedade para absorver a miscelânea de produtos que são despejados todos os dias nos circuitos da circulação. Essa contradição revela por que o capitalismo é um sistema inerentemente instável. No Livro II de *O capital*, Karl Marx antecipa, em quase meio século, o problema da insuficiência da demanda, a preocupação central da teoria geral de Keynes, o qual resgata do pároco Thomas Malthus, talvez para não se declarar um leitor atento à produção do velho Mouro.

Entretanto, será nos dois primeiros volumes do Livro I que Marx desenvolverá o núcleo de sua análise do processo de produção de capital. Com base na teoria do valor-trabalho e na lógica dialética, aplicadas às categorias econômicas, ele desmontou os alicerces que sustentavam as premissas da economia burguesa de sua época. Diferentemente dos princípios liberais de Adam Smith, que percebiam uma sociedade econômica que tendia ao equilíbrio social e econômico determinado pelo comportamento egoístico dos indivíduos, e completamente contrário à chamada Lei de Say, que advogava a harmonia entre produção e consumo na máxima "a oferta cria sua própria procura", Marx demonstrou que, no capitalismo, a dissociação entre produção e consumo era inerente ao seu funcionamento.

Na teoria marxiana, as condições materiais de produção da riqueza na sociedade capitalista articulam a produção, a distribuição, a troca e o consumo. A circulação é a troca em sua manifestação geral. Esse todo articulado representa os elementos fundamentais da criação de riqueza no sistema; portanto, separá-lo implica dificultar ainda mais a compreensão essencial do funcionamento da ordem capitalista, como a riqueza é produzida e apropriada privadamente. Mesmo reconhecendo que esses momentos não são idênticos [produção, distribuição, troca e consumo], eles constituem elementos de uma mesma totalidade: o modo de produção capitalista. Ainda, reconhecendo a importância de cada um deles, é no âmbito da produção que a criação de riqueza acontece.

De maneira sumária, podemos dizer que Marx revelou que o capital, antes de aparecer como uma categoria econômica, é uma relação social. Essa relação é estabelecida, continuamente, com intuito de produzir valor. Diferentemente de outros modos de produção, no capitalismo, essa relação social de produção é estabelecida entre trabalhadores, que vendem sua força de trabalho [em troca de salários] porque contam somente com essa "propriedade" para lhes garantir a sobrevivência, e os empresários capitalistas, proprietários dos meios de produção [instrumentos e ferramentas de trabalho, equipamentos, máquinas, terras, etc.], com a propriedade do dinheiro, em última instância, compram a força de trabalho [que será definido como capital variável — cv] e mantêm a propriedade sobre os meios de produção [denominado capital constante — cc].

Estabelecida a relação trabalhista contratualmente, os capitalistas põem a força de trabalho [ft] em operação na produção de mercadorias, juntamente com os meios de produção [mp]. No esquema abaixo, podemos ver que o capitalista, possuidor do dinheiro [D], adquire mercadorias [$ft+mp$], junta-as no processo produtivo [P], com objetivo de produzir novas mercadorias, consequentemente com valores superiores [M'] às mercadorias adquiridas [$M=mp+ft$]. Uma vez produzidas, as novas mercadorias serão trocadas por dinheiro [D'] no processo de comercialização. Portanto, no esquema abaixo, temos três momentos. D-M e M'-D' são relações de troca, em que o primeiro momento representa um ato de compra, e o segundo, um ato de venda. Eles significam, simplesmente, a circulação das mercadorias, sem importância alguma na determinação do seu valor, ao contrário do que apregoa o pensamento econômico convencional. O valor, portanto, é criado, conforme a teoria do valor-trabalho, no momento da produção, representado abaixo pelo circuito *M-P-M'*.

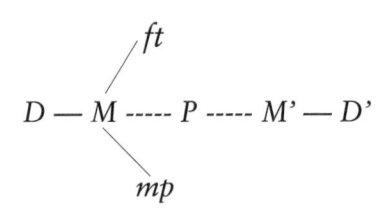

$$D - M \begin{matrix} \nearrow ft \\ \cdots P \cdots \\ \searrow mp \end{matrix} M' - D'$$

Portanto, no ciclo *D-M–P–M'-D'*, Marx demonstrou a capacidade do sistema capitalista de reproduzir valor em escala ampliada. *D'* contém valor superior ao despendido inicialmente [*D*], e assim sucessivamente a cada ciclo. A diferença fundamental, *D'-D*, representa o lucro do empresário capitalista. Ele o calcula observando o resultado líquido de toda a operação. Aqui, reside o ponto fulcral da teoria. Marx tinha em mente que não bastava uma teoria do valor-trabalho para explicar o funcionamento do modo de produção capitalista. Mais que uma avaliação substancial de que as mercadorias possuem valores em razão da quantidade de trabalho contida nelas, medida pelo tempo gasto em sua produção, ele apresentou uma teoria da exploração da classe trabalhadora.

Ao contrário do cálculo contábil do empresário capitalista, a base do lucro reside na diferença entre o que ele paga, na forma de salário, ao trabalhador para executar sua força de trabalho e a quantidade de valor que esse trabalhador foi capaz de produzir durante uma determinada jornada de trabalho, levando em conta também as circunstâncias e utilização de equipamentos auxiliares. O salário deve corresponder a um valor suficiente para que os trabalhadores adquiram bens necessários à sua reprodução enquanto seres. Sendo assim, o salário representa apenas uma fração do valor total que eles são capazes de produzir ao longo do tempo de execução da força de trabalho. Em outras palavras, a verdadeira base dos lucros repousa na exploração da força de trabalho, a expropriação dos resultados do trabalho alheio, subtraindo do valor total criado uma fração que os trabalhadores absorvem na forma salários. Nessa linha de raciocínio, o resultado líquido que é apropriado pelo empresário capitalista chama-se mais-valor [ou mais-valia].

A empresa capitalista é conduzida pelo espírito de maximização dos seus benefícios. Em última instância, o sistema se movimenta não com o objetivo geral de produzir mercadorias para satisfazer as necessidades de consumo, mas, essencialmente, com a finalidade de atender aos interesses de acumulação de capital [criação e apropriação de valor]. Isso significa, portanto, reproduzir, continuamente, as relações sociais de produção. O processo de acumulação de capital passa a ser tanto uma finalidade subjetiva quanto uma força motriz de todo o sistema. Então, importa realizar a venda das mercadorias produzidas, pois elas carregam o lucro capitalista. As crises da economia capitalista revelam-se quando ocorrem fortes rupturas entre a produção e o consumo, algo inimaginável na teoria neoclássica baseada na lei dos mercados de Say.

Os avanços tecnológicos redefinem as relações sociais de produção, modificando e elevando a composição orgânica do capital [a relação entre capital constante e capital variável — cc/cv]. Em razão tanto da luta entre trabalhadores e empresários capitalistas, quanto pela concorrência entre esses, o progresso tecnológico é empregado no sistema produtivo, tornando-o mais eficiente e elevando a sua produtividade. Isso ocorre à custa da redução do capital variável em relação ao capital constante. Não significa que o emprego de mão de obra diminui em termos absolutos. Pelo contrário, pode-se até empregar mais força de trabalho. O que importa são as modificações na relação entre capital variável e capital constante. A taxa de lucro pode cair mesmo não ocorrendo desemprego; basta que a utilização de máquinas, equipamentos, etc. cresça em razão maior que o emprego da força de trabalho. Essas alterações, portanto, têm o intuito de elevar a quantidade de mercadorias produzidas, mas acabam modificando a razão entre a taxa de exploração [$mais\text{-}valor/cv$] e a composição orgânica do capital.

Assim, o emprego dos avanços tecnológicos no sistema de produção capitalista promove, no longo prazo, dissabores que alteram, substancial e intensamente, as condições de equilíbrio entre produção e consumo, exigindo fortes ajustamentos, econômicos e políticos. Os resultados gerais são: 1] superprodução de mercadorias; 2] tendência à redução da taxa de lucro do sistema; 3] diminuição relativa do emprego da força de trabalho; 4] elevação da taxa de exploração da força de trabalho; 5] diminuição relativa do consumo; e 6] busca desenfreada pela produção de novos produtos, abertura de mercados e intensificação da concorrência intercapitalista. No capítulo XIV do Livro III de *O capital*, Marx aponta as contratendências do sistema à queda da taxa de lucro no longo prazo.

Contrariamente aos teoremas clássico e neoclássico do equilíbrio macroeconômico, Marx demonstrou, portanto, muito antes de Keynes, que o capitalismo é instável por sua condição estrutural de dissociar a produção do consumo. As crises não são meras disfunções macroeconômicas como defendiam os neoclássicos, elas significam epifenômenos das contradições e desequilíbrios inerentes à essência de funcionamento das relações sociais de produção capitalistas.

O processo de valorização da riqueza, por exemplo, por meio dos circuitos da circulação financeira [especulação], é um sintoma muito característico de que o sistema enfrenta uma crise de realização, pois a criação de valor no circuito produtivo tem enfrentado obstáculos muito sérios que acabam empurrando os capitalistas [e o grupo de executivos de importantes empresas] para novas formas de valorização de capital, especialmente de maneira fictícia.

Atento a esse movimento e às suas consequências, uma vasta literatura surgiu nos últimos decênios buscando compreender a crise estrutural do capitalismo contemporâneo. Fundamentados ou com alguma inspiração na análise marxiana, esses trabalhos analisam os movimentos recentes de acumulação de capital sob a égide da *financeirização*, as implicações para a macroeconomia de vários países e suas interconexões internacionais. Mais acessível ao público brasileiro, podemos destacar os vários e importantes trabalhos de François Chesnais, Gerard Duménil, Dominique Lévy, Robert Brenner, Susanne de Brunhoff, Michel Aglietta, Giovanni Arrighi, David Harvey, Reinaldo Carcanholo e Paulo Nakatani.

Referências sugeridas

AGLIETTA, Michel. *Macroeconomia financeira*. Vols. 1 e 2. São Paulo: Loyola, 2004.

CHESNAIS, François (org.). *A finança mundializada*. São Paulo: Boitempo, 2005.

LAIBMAN, David. *Capitalist macrodynamics: a systematic introduction*. Londres, Macmillan, 1997.

Impresso por:

**IMPRENSA OFICIAL
GRACILIANO
RAMOS**